国学经典释读 · 李学勤 主编

广解

大学·中庸

王淄尘 讲述

生活·讀書·新知 三联书店

图书在版编目(CIP)数据

广解大学·中庸/王缁尘讲述. —北京:生活·读书·
新知三联书店,2019.11
(国学经典释读)
ISBN 978 - 7 - 108 - 06297 - 0

Ⅰ.①广⋯ Ⅱ.①王⋯ Ⅲ.①儒家②《大学》–注释
③《中庸》–注释 Ⅳ.①B222.15

中国版本图书馆 CIP 数据核字(2018)第 077673 号

责任编辑　王婧娅
封面设计　米　兰
责任印制　黄雪明
出版发行　生活·讀書·新知 三联书店
　　　　　(北京市东城区美术馆东街 22 号)
邮　　编　100010
印　　刷　上海锦良印刷厂有限公司
版　　次　2019 年 11 月第 1 版
　　　　　2019 年 11 月第 1 次印刷
开　　本　650 毫米×900 毫米　1/16　印张　8
字　　数　74 千字
定　　价　26.00 元

出版说明

　　这是一套写给普通读者的国学经典释读丛书。

　　"国学"之名，始自清末。当时欧美学术涌入中国，被称为"新学"或"西学"，相应的，学界就将中国传统学问命名为"旧学"或"国学"。广义的"国学"包含范围广泛，从哲学、史学、宗教学到考据学、中医学、建筑学等等，本丛书之"国学经典"主要是指先秦诸子百家的著作。这些经典博大精深，是中国传统文化的精髓，是中华民族共同的血脉和灵魂，是连接炎黄子孙的血脉之桥、心灵之桥，吸引一代代中国人阅读、阐释、传承，至今熠熠生辉。

　　民国时期虽然新学昌盛，但对国学经典的研究和普及并未中断，甚至在二十世纪三十年代掀起出版国学经典的热潮，比如商务印书馆出版的"学生国学丛书"、世界书局的《四书读本》、广益书局的"白话译解经典"系列等等。

　　今天，出于继承和弘扬中国优秀传统文化的需要，我们精选了民国时热销的经典释读版本，并做适当的加工处理，以适应今日之读者。本丛书收录《广解论语》《广解大学·中庸》

《广解孟子》《译解荀子》《译解韩非子》《译解孙子兵法》《译解庄子》《译解战国策》《译解国语》《译解墨子》《译解道德经》《国学讲话》十二种。这些国学经典释读的编者兼具旧学与新学功底，语言通俗易懂，译解贴近现代。

这次重新出版，我们主要做了五项工作：

第一，为了读者阅读的方便，改竖排为横排，标点符号也随之改为现代横排的规范样式。

第二，变繁体字为简化字，在繁简转换的过程中，对有可能产生意义混淆的用字，做了合理的处理。

第三，采用今天所见较好的古籍版本对原书的选文进行了审校，订正了文句的错、讹、脱、衍。

第四，原书选篇保持不变。

第五，对原书的注释进行了修润，使注释更加准确、易懂。

我们期望，本丛书的出版能够为普通读者提供一个更亲近的读本，也希望以此为契机，对弘扬中国传统文化、普及国学知识起到积极的促进作用。

"国学经典释读"是李学勤先生生前主编的最后一套丛书，李先生在病榻上撰写了总序。今年二月，先生遽归道山。如今，此丛书顺利出版，是对先生的缅怀。

生活·读书·新知三联书店

总　序

大家了解，人类的许多认知和见解，有时可以在历史发展的某些时段得到重合或认同。20世纪三四十年代悄然掀起的国学教育运动，恰恰与现今对中国传统文化的重视与重拾极为相似，其因果大体也是经历由怀疑、批判、否定，到重视、回归并再造这样的过程。

20世纪前半叶，可谓中西文化大碰撞、大交融的时代，最为鲜明的是西方文化对于中国传统文化的巨大冲击。清末的"中体西用"，尚有"存古学堂"保存国粹，使国学还占有一席之地，而到了民国初年，特别是"壬戌学制"的颁布，主要采用当时美国一些州已经实行了十多年的"六三三制"，标志着中国近代以来的学制体系建设的基本完成，以美国为代表的西方教育在中国占据了相当大的地位。此后中国现代化教育每发生一次变化，西方的教育形式与内容就会有所进入，中国传统文化的教育也就有所丧失，中国传统文化的价值体系遭受着越来越多的质疑或否定。对此，一部分具有强烈忧患意识的教育家、文化名流忧心忡忡，并由担心逐渐转而采取行动挽救国学。但是,真正产生影响并引起国人震动的却是国际联盟教育考察团的到访。1931 年,当时的南京国民政府鉴于欧美的教育对中国日益增大的影响,邀请以欧洲国家为主体的教育考察团来华考察。考察团用了一年多的时间,考察了中国教育的诸多重镇及学校,提交了《中国教育之改进》的报告书。报告书指出:"外国文明对于中国之现代化是必要的,但机械的模仿却是危险的。"该报告书主张中国的教育应构筑在中国固有的文化基础上,对外来文化,特别是美国文化的影响,进行了不客气地批评:"现代中国最显著的特征,即为一群人所造成的某种外国文化的特殊趋势,不论此趋势来自美国、法国、德国,或其他国家。影响最大的,要推美国。中国有许多青年知识分子,只晓得摹仿美国生活的外表,而不了解美国主义系产生于美国所特有的情状,与中国的迥不相同。""中国为一文化久长的国家。如一个国家而牺牲它历史上整个的文化,未有不蒙着重大的祸害。"报告书切中时弊的评估,使中国知识界与教育界在极大的震动中警醒并反思。随即具有强烈社会责任感的教育界、学术界人士,采取了行之有效的国学教育推行举措,掀起国学教育的声势和热潮,使国学教育得到落实,国学经典深入学校的课堂,进入学生使用的书本,并被整合进学生的知识结构中去。

关于 20 世纪三四十年代的国学教育的热潮,有两种情况值得关注:一是诸如梁启超、章太炎、陈寅恪、黄侃、刘师培、顾颉刚、钱穆、吕思勉等大家利用新的研究方法，潜心研究，整理国故，多有建树，推出了一大批国学研究成果，将国学的归结、分类、条理化、学科化的阐述达到了空前的清晰，对当时及后世影响深远；与此同时，教育界、学术界将国学通过渗透的办法，镶嵌入中小学的课程，设立了各个学级的国语必修课和必读书，许多大家列出书单，推介国学典籍的阅读。二是当时出版界向民众普及国学典籍，主要体现在对国学的通俗释读方面，以适应书面语言不断白话的情形。

对于前者，1949 年以后，特别是改革开放以来，重新出版了一些相关著作，但后者几乎被忽视或遗忘了，极少再度面世。其实后者在当时的普及和重版率相当高，影响更为深广。

生活·读书·新知三联书店这次整理出版的正是后者。这不仅是因为在那之后均没有重现，重要的是这些通俗释读的书非常适合当今书面语言彻底白话了的读者需求，特别是当读古文和诠释古文已经成为专门家的事情的今天，即便有较高学历的非专业的读者读古文也为之困惑，这类通俗释读国学典籍的书的出版就显得更为迫切。这些书的编撰者文言文功底深厚，又受到白话文运动的洗礼，对文白对应的把握清晰准确。这些书将国学典籍原文中的应该加以注释说明的元素融入在白话释读之中，不再另行标注，使阅读连贯流畅，其效果与今天的白话阅读语境基本吻合，可见那时对于国学的通俗普及还是做了些实事的。

　　这的确是一些为我们有所忽视的好东西，以致可查到的底本十分稀缺，大多图书馆都没有藏品，坊间也难觅得。生活·读书·新知三联书店在千方百计中找到了选用的底本，使得旧时通行的用白话释读经典的读本得以再现。

　　值得一提的是，这是当时的出版人专门组织出版的一批面向一般民众的国学释读的读本，影响甚大，使得国学经典走入初等文化程度的群体。然而，这些产生过较大影响的读本之所以后来为人所遗忘，其原因可能是出版界推崇名家著述或看重对传统典籍的校勘和注疏。以王缁尘为例，虽然其人名不见经传，但他所编著的关于国学经典释读的一系列的图书，在当时却十分抢手，曾不断重印了十几版。这主要是当时的世界书局看中了他在清末就创办白话报的经历和对国学典籍把握的功力，使其栖身"粹芳阁"，为世界书局专事著述国学通俗释读的书籍。列入本套丛书的《广解四书读本》(今将其分为《广解论语》《广解大学·中庸》《广解孟子》)，曾被认为是当时国学出版的盛典，是当时通俗释读国学的代表。"国学经典释读"选择20世纪三四十年代的国学通俗的释读书籍，整理为简体横排进行出版，为当今读者学习国学经典提供了很好的阅读范本，是一件大有助益的好事。

　　还应该提及的是，出版此套书不仅是为方便读者理解经典，还在于让读者通过这样的阅读，了解当时人们对中华民族和中国意义的认同史。那时的国学教育和学习的热潮，几乎与抗日战争同行,而对中华民族的现代认识,正是在这期间形成的;国学的教育和普及,使国人了解并认同了中国的历史悠久和文化的博大精深,更将几千年来的人们对国家的意识,从以皇室朝廷为中心的概念中分离出来,完成了从"君国"到"国族"的转变。"中国"代表着中华民族全体,是各族人民联合御侮和实现伟大复兴的精神图腾。

李学勤

2018 年 12 月 10 日

目

录

广解大学

广解中庸

大学

《大学》一篇，为何人所著，现在尚未有定论。据朱子《大学章句》以首章为经，系"孔子之言，而曾子述之，其传十章，则曾子之意，而门人记之"。但清代汉学家多排斥其说。我们读书，贵明义理。此篇所说，确是儒家的重要言论。如为曾子所述，原可见其真意；即使不是曾子所述，或其门人所记，我们也何妨诵读之研究之呢？

序

　　自宋儒于《小戴礼记》中，抽出《大学》《中庸》两篇，合以《论语》《孟子》名曰"四子书"以后，七百年来，皆定为取士之用，其学之影响于后世可知矣。《大学》一篇，朱子（熹）分为经一章，传十章，后儒多訾议之，王阳明攻击尤烈。然朱子自言："凡传文，杂引经传，若无统纪，然文理接续，血脉贯通，深浅始终，至为精密，熟读详味，久当见之。"且古书自竹简以至抄写刻印，已不知经过多少变迁，错误之处，势所不免。即在汉时，刘向校书，错简、脱简，以及误字，已详言之。则《大学》一文，亦安能保其必出原作者之手乎？但吾人读书，贵识义理，章节字句，经后儒之整理开发，可减少诵读之精力者，亦不可废也。况朱子对四子书作章句、集注、或问等，用数十年之心思才力，后世之注四子书者，莫能及焉。今述此编，仍用朱子改定本者，亦此意耳。

　　阳明反对朱子，因格物从竹格起，阳明冥思七昼夜，不得其理，遂以致疾。后贬龙场，忽于中夜大悟，圣人之道，即是吾心，以为昔日求其理于事物，岂不大谬！于是默记《五经》中圣人言语，以资印证，无不吻合，遂倡"心学"，以为格者，犹格君心之非之"格"。因此之故，乃尽弃朱子改定本，而以古本《大学》教学生，致与朱子之说相水火。然在今日论之，二儒之言，各有得失，取其长，弃其短，始为善读书者。

经之一章

大学之道，在明明德，在亲民，在止于至善。

古者，八岁入小学，使识文字及学洒、扫、应、对等日常事情，十五岁入大学，才学做人的大道理。这篇是说大学的道理，所以劈头第一句就是"大学之道"。

"明德"，说做人要有光明的德性。如在暗中做损人利己之事，即不光明了。上一"明"字，是明白的意思。全句是说在大学学做人的道理，第一先要明白光明的德性。

"在亲民"的"亲"字，有两种解说。古时"亲"字与"新"字通，所以朱子解作"新"。"新民"就在去旧染之污，使振作起来做一个新民，因为世界事事物物，时代一久，必至腐败颓废，故非时时振作不可。且朱子之意，以为下文有"作新民""周虽旧邦，其命维新"及汤之《盘铭》都以"新"字为主，所以"亲"当作"新"字解，这是说明明德的结果，不但自己要光明，连人民也要叫他振新起来、光明起来，大学之道就在于此。

王阳明则以为"亲"字，就是亲爱的意思。《传习录》曰："如云'君子贤其贤而亲其亲，小人乐其乐而利其利''如保赤子''民之所好好之，民之所恶恶之，此之谓民之父母'之类，皆是亲字意。……《尧典》'克明峻德,以亲九族'至'平章''协和',便是亲民,便是明明德于天下。"两说各有道理,现在不妨并存。

"在止于至善",是说大学之道,对己则应明白自己的"明德","对人则应亲民"。人能做到这两方面,便算做到最善的境界了。止,就是做到的意思。至善,就是最善。

> 知止而后有定,定而后能静,静而后能安,安而后能虑,虑而后能得。

"知止"就是知道最善的境界,也可说是最善的观念。"定",一定的志向。"静",心不妄动的意思。"安",就是到处安稳。"虑",就是思虑周到。"得",得到最善的境界。全段意思,就是一个人如果能够"晓得最善的境界,才有一定的意志;意志一定,心就不会妄动了。心不妄动,不论到什么地方,都能感到安稳;到处安稳,而后思虑自然周到;思虑处处能周到,做人才能做到最善的境界"。

> 物有本末,事有终始。知所先后,则近道矣。

"本末"如一株树,根为本,叶为末,比喻或缓或急。"终始"就是做事情的开端和末了,比喻做事的先后。就是说一个人对各物各事，如能计算其或缓或急，急的先做，缓的后做，根本的先做，标末的后做，那么和做人的道理，也相去不远了。这是"物有本末，事有终始，知所先后，则近道矣"一段的意思。

> 古之欲明明德于天下者，先治其国；欲治其国者，先齐其家；欲齐其家者，先修其身；欲修其身者，先正其心；欲正其心者，先诚其意；欲诚其意者，先致其知。致知在格物。

儒家学说，凡百事情主张由近及远，由卑而高，最为切实妥当，这节就是推说这个道理的。

要想使天下的人明白自己的"明德"，必须先把自己的国家治好；如自己的国还不能治，怎能使天下的人都服从呢？所以他说"先治其国"。"欲治其国者，先齐其家"，说要治理国家，又必须先把自己的家法整齐好。要家法整齐好，叫家里的人都看自己的样子，听自己的命令，必须使自己的行为，可做人家的模范，而后一家的人才能信服，所以说"欲齐其家者，先修其身"。大凡一个人以心为主宰，要修身，必须使心无邪念，要心无邪念，必须把心意诚诚实实地用在"正"字上面，所以说"欲修其身者，先正其心，欲正其心者，先诚其意"。但人怎么才能诚意呢？第一要知道事物的缓急先后，知道事物的缓急先后，就是"先致其知"的意思 。如果缓急先后不能明白，又怎能应付万事万物呢？因为事物无穷，而人只有一个，以一个人去应付万事万物，自然非致知不可了。至于怎样才能"致知"？他说："致知在格物。"说到这里，"格物"二字却有许多的解释了。现在且就朱王两说说明之。

　　朱子《大学章句》说："格，至也。物，犹事也。穷至事物之理，欲其极处无不到也。"又说："物格者，物理之极处无不到也。"是要穷尽事物之理，无不知晓之意。王阳明早年读了这几句，就拿起一片竹头，细细地格起来，后来竟格不出所以然，而致于生病了。有一天，他却恍然大悟，把朱子的解说推翻，以为物即吾心。只要吾心"存天理，去人欲"，即是格物。又引以"格君心之非"的"格"为证，并以此相号召。而流弊所至，学者束书不观，以为只要凭吾之心，即可应付万物万理，于是满街都是圣人了。但照朱子"穷至事物之理"的解释，也有做不到的地方，一个人哪能把万事万物之理，一一都格过去呢？我以为所谓"格物"，在于知事物的生性，事物的生性虽不一，而其受命于自然界以生总是一样的。一个人不论成己成物，只要能顺人之性，顺物之性，自然无不可通行了。但于此也有不能都顺的难处，于是又当计算轻重缓急，重的急的先做，轻的缓的后做，到万不得已的时候，即使牺牲轻的缓的，以成全大多数人的利益，也是常有的事。儒家学说始终为入世的,不是出世的,始终为用世的,不是厌世的,也是这一点的道理。

物格而后知至,知至而后意诚,意诚而后心正,心正而后身修,身修而后家齐,家齐而后国治,国治而后天下平。

这段再将上面的意思,郑重说明,以明做人的道理必须如此。为学,就是学做人,入手的方法,就是要"明白万事万物的生性,能够明白事物的生性,就知道做人的道理,而达到至善的地步了。因为人和物都受命于自然界以为生,人能顺应万事万物之性,就到至善的境界了。人能够知道至善的境界,方能做到一个诚字,然后把全个的意志放在这上面,一心上进,不生妄念,使自己事事合于道德的标准,以求其实践,因此家也整齐划一了。就是叫他治理国家,国家也治安。处理天下,天下也和平了"。这都是明明德的结果。

自天子以至于庶人,壹是皆以修身为本。其本乱,而末治者否矣。其所厚者薄,而其所薄者厚,未之有也。

庶人，就是小百姓。壹是，同一切。上节说明明德于天下，虽然在指人君，其实无论是谁，做人的道理，总是一样的。修身是自己的事，为正心、诚意、致知、格物。齐家、治国、平天下，是对人的事。但其根本还在一个人的本身，所以说："自天子以至于庶人，壹是皆以修身为本。"

修身是一切的根本。如一株树，根本枯死，枝叶自然不能繁荣了。人不能修身，就是根本已乱，而要想家齐国治天下和平，这是一定做不到的。所以说："其本乱，而末治者否矣。"一个人在社会里，势不能无亲疏厚薄。第一对父宜孝，对兄宜悌。不孝父而孝他人的父，不敬兄而敬他人的兄，这样应该厚的反薄，应该薄的反厚，是决不能有的。所以说："其所厚者薄，而其所薄者厚，未之有也。"

上面一段朱子以为是经，"孔子之言，而曾子述之"。以后十段，朱子以为是传，"曾子之意，而门人记之"。已详编辑大意中，此不再述。

（问）何谓"自天子以至于庶人，壹是皆以修身为本"？

（解）孔子称："尧之为君，惟天为大，惟尧则之。"而《尧典》述尧之功德，自"克明峻德"以至"黎民于变时雍"，就是《大学》明明德至天下平的意思。所谓"止于至善"，也就是孔子称尧"荡荡乎民无能名焉"的意思。"能名"能指出其长处，如某人备具某德。"至善"却不是这样，他无不具备，而不是一端可指的。所以，"至善"是"无能名焉"，"能名"，已落第二乘了。

传之一章

《康诰》曰："克明德。"《大甲》曰："顾諟天之明命。"《帝典》曰："克明峻德。"皆自明也。

《康诰》是《尚书》中的篇名。"克明德"，克，作能够解，能够做到明德的人。《大甲》，也是《尚书》中的篇名。"顾諟天之明命"，"顾諟"，顾到的意思，就是要顾到天命我的明德的命令。《帝典》就是《尧典》，也是《尚书》中的篇名。"克明峻德"，峻，作大字解。说人能明德，必能光大而普照。

上面一段，朱子以为即是传之首章，释"明明德"。

传之二章

汤之《盘铭》曰:"苟日新,日日新,又日新。"《康诰》曰:"作新民。"《诗》曰:"周虽旧邦,其命维新。"是故君子无所不用其极。

汤,就是成汤,为商朝的开国圣王。盘,就是盥洗的盆。成汤于盥洗的盆上,刻着"苟日新"等三句话。苟,作诚字解,新,除去旧染的意思,说人诚能日去旧染,又当"日日新""又日新",始终不间断的,使新的道理,日出不穷,于日日所知的以外,又求未知的新道理,新习惯。作,同做字,说自己固要做一个新的人,同时并要鼓励他人,也做一个新的人。"周虽旧邦,其命维新"是《诗经》里赞美文王的句子,周立国到作书时候,已数百年。所以称为"旧邦"。文王时更新法度,使人民个个自新,这就是文王所以受天命、王天下的缘故。所以"其命维新"。"是故君子无所不用其极"是作《大学》的人总结本节的话,他说为了这个,所以君子无论在什么地方,无不尽心极力以做去了。

上面一段,朱子以为是传之二章,释"新民"。

传之三章

《诗》云："邦畿千里，惟民所止。"《诗》云："缗蛮黄鸟，止于丘隅。"子曰："于止，知其所止。可以人而不如鸟乎！"

"邦畿千里"，古时天子之国，称邦畿，地方有一千里之大，凡此都为人民所居止之处，所以说"惟民所止"。"缗蛮黄鸟，止于丘隅。"缗蛮，鸟叫的声音。黄鸟，是一种黄色的小鸟。丘隅，山的一角。说缗蛮缗蛮地叫着的黄色小鸟，它不到别的地方去做巢，它偏偏栖止在山的一角里。孔子对这两句《诗经》赞美道，像这种小鸟，它也晓得去可栖止的地方栖止，所以说："于止，知其所止。""可以人而不如鸟乎！"是叹不自知的人，自己并无才具，一心想高爵厚禄，或侵夺他人的利益，不知自己应该怎样居止，这种人，简直连小鸟都不如啊！

《诗》云："穆穆文王，于缉熙敬止。"为人君，止于仁；为人臣，止于敬；为人子，止于孝；为人父，止于慈；与国人交，止于信。

这一段申明上文"止"字的意义。穆穆，深远的意思。于，叹词。缉，作继续解。熙，作光明解。"敬止"，说无事不做到敬字的地步。《诗经》里赞美文王，说他道德极深远，又叹美他能继续不断地光明起来。（穆穆文王，于缉熙敬止。）作《大学》的人，再说明做人应该做到那样，所以说："为人君的，应做到仁爱万民；为人臣的，应做到敬事君上；为人子的，应做到孝顺父母；为人父的，应做到慈爱子女；与国里的人交往，应做到言而有信。"

《诗》云："瞻彼淇澳，菉竹猗猗！有斐君子，如切如磋，如琢如磨；瑟兮僴兮，赫兮喧兮，有斐君子，终不可諠兮。"如切如磋者，道学也。如琢如磨者，自修也。瑟兮僴兮者，恂栗也。赫兮喧兮者，威仪也。有斐君子，终不可諠兮者，道盛德至善，民之不能忘也。

淇，水名。澳，水靠岸的地方。猗猗，茂盛的样子。瞻，作看望解。意思是说看那边淇水靠岸的地方，绿色的竹，竟这样的茂盛啊！（瞻彼淇澳，菉竹猗猗。）斐，文质彬彬的样子。意思是说君子道德茂盛，如淇澳地方的菉竹一般。"如切如磋，如琢如磨",说君子修治道德,如剖开玉石一般,剖开以后,还要磋它光来,又如琢石一般,琢好之后,还要磨平它来。瑟,严密的样子,僴,武毅的样子,赫喧,煊赫盛大的样子。说君子修治道德,他的容貌严密而武毅,煊赫而盛大。(瑟兮僴兮,赫兮喧兮。)諠,作忘记解,说这样的君子,是终身不能忘记的吧!自"瞻彼淇澳"到"终不可喧兮",都是《诗经》里的句子。以下作《大学》的人,申明之道:"如切如磋者,道学也。"说君子的修治道德,如剖玉琢石一般。"如琢如磨者,自修也",说君子的实践道德如磨光玉、磨平石一般。恂栗,因恐惧而发抖。"瑟兮僴兮者,恂栗也",说君子修治道德,于严密武毅的容貌中,还寓意恐惧战抖的意思,时时防道德之不足。"赫兮喧兮者,威仪也",说君子道德修治已成,他威严的仪容,必能使人起敬。"有斐君子,终不可喧兮",说君子道德已极盛大,进到了最善的地步,这样,人民是终身不会忘记的吧!

《诗》云:"於戏!前王不忘。"君子贤其贤而亲其亲,小人乐其乐而利其利,此以没世不忘也。

"於戏!前王不忘",是诗人叹美前世圣王的德泽,流传深远,使人不忘的意思。此处"君子",朱子说是"后贤后王"。说前王有如此盛美的道德,后贤后王都效法他,也如他的敬重贤人,亲爱亲人,后世的人民——小人——却只爱他们的欢乐,享他们的利益,所以前王虽然没世,回忆起来,人终不能忘记他的。所以说"君子贤其贤而亲其亲,小人乐其乐而利其利,此以没世不忘也"。

上面四段,朱子以为是传之三章,释"止于至善"。

(问)"亲民"与"止于至善",有何关系?

(解)一倡社会,人和人都不能没有关系。《论语》记孔子的话"己欲立而立人,己欲达而达人",就是这里"贤其贤,亲其亲"同止于至善的意思。

传之四章

子曰："听讼，吾犹人也。必也，使无讼乎！"无情者，不得尽其辞。大畏民志，此谓知本。

听讼，听诉讼者的言语，就是现在的审判官。孔子自己说，审讯讼事，照法律判断，我和他人也是一样的。（听讼，吾犹人也。）但"必也，使无讼乎"，儒以礼教感化人心，必使人自己向善，不致涉讼方算完善啊！上两句，是《论语》记孔子的话。作《大学》的人，又加以说明道："无情者，不得尽其辞。"说人都感化成善，社会中即使偶然有人涉讼，也不敢把不实不尽的言辞来渎陈了。因为社会中多数的人，都知道恶人的话，是没有实在的，虽涉讼，也不会胜利的。民，指多数的人，这多数人意志之所向，是最可怕的。"大畏民志"，就是说最可怕的是社会的制裁。这个，就叫知道本原的治法。（此谓知本。）

上面一段，朱子以为是传之四章，释"本末"。

传之五章

此谓知本，此谓知之至也。

"此谓知本"，程子以为是多余的话，应该删去。"此谓知之至也"以上，朱子以为"别有阙文，此特其结语耳"。

此两句，朱子以为是传之五章。他说："盖释格物致知之义，而今亡矣。"朱子又窃取程子之意以补之道："所谓致知在格物者，言欲致吾之知，在即物而穷其理也。盖人心之灵，莫不有知；而天下之物，莫不有理。惟于理有未穷，故其知有不尽也。是以大学始教，必使学者，即凡天下之物，莫不因其已知之理，而益穷之以求至乎其极；致于用力之久，而一旦豁然贯通焉；则众物之表里精粗无不到，而吾心之全体大用，无不明矣。此谓物格，此谓知之至也。"

传之六章

　　所谓诚其意者,毋自欺也。如恶恶臭,如好好色,此之谓自谦;故君子必慎其独也。

　　这段释诚意的道理。"毋自欺也",说做人不要自己欺骗自己。"恶臭",极恶的臭气,是人人所厌恶的。"好色",极好的美色,是人人所爱的。"自谦",自己知道的意思。(如恶恶臭,如好好色,此之谓自谦。)"故君子必慎其独也",说诚意要在独自一人的时候用功。知道极恶的臭气,会恶它;极好的美色,会爱它。这都是自己本心里发出来的。做人只要诚诚实实,即使是独个人的时候,也要极其谨慎。

　　小人闲居为不善,无所不至;见君子而后厌然,掩其不善,而著其善。人之视己,如见其肺肝然,则何益矣?此谓诚于中,形于外,故君子必慎其独也。

　　"小人闲居为不善,无所不至",小人,就是坏人,闲居,闲空没事的时候。说坏人在闲着的时候,什么坏事都会做出来。"见君子而后厌然,掩其不善,而著其善。"厌然,遮遮掩掩的样子。说这种小人,虽为不善,但一见君子,他就觉得自己的行为不好,露出一副遮遮掩掩的态度来,把不善的地方遮掩着,好的地方显露着。可是这种样子,在别人看来,总好像看见他的肺肝一般,早已明白他,是个坏人,不是好人了。这样遮掩着,又有什么好处呢? 所以说:"人之视己,如见其肺肝然,则何益矣?""此谓诚于中,形于外,故君子必慎其独也。"这是总结上文的话,说一个人只要有诚意,自然会流露于外的,所以君子于独自一人的时候,能够谨守道德才行。

曾子曰:"十目所视,十手所指,其严乎!"

这是引曾子的话,申明上述"如见其肺肝然"的意义。十目十手,极言看着他、指着他的人之多,说他是小人,不是君子。这是多么的严厉呢!

富润屋,德润身,心广体胖,故君子必诚其意。

这段说诚意而为君子,如同有钱的人,装修住屋一般。有道德的人,处处留意实践,自然心里舒服,身体安泰了。所以说:"君子必诚其意。"

上面四段,朱子以为是传之六章,释"诚意"。

(问)何谓"诚于中,形于外"?

(自省)我做过不善的事吗? 如果做过,读了这一大段的话,自己觉得自己的态度怎样?

传之七章

　　所谓修身在正其心者，身有所忿懥，则不得其正。有所恐惧，则不得其正。有所好乐，则不得其正。有所忧患，则不得其正。心不在焉，视而不见，听而不闻，食而不知其味。此谓修身，在正其心。

　　忿懥，恨恨发怒的意思。恐惧，就是恐慌害怕。好乐，就是爱好欢乐。忧患，就是忧虑祸患。"不得其正"，就是不能有正当的态度。是说一个人一遇忿懥、恐惧、好乐、忧患，必致失掉平常的正当态度。所谓修身，就是要把这等事情完全去掉，专心在正当的意义上用功。譬如心不专注，另想别事，就是睁着眼睛看东西，侧着耳朵听声音，口里吃着好的味儿，也如不看见、不听到、不吃东西一样了。所以说："此谓修身，在正其心。"

　　上一段朱子以为是传之七章，释"正心修身"。

　　（问）何谓"不得其正"？
　　（自省）我的心已正了否？

传之八章

所谓齐其家，在修其身者，人之其所亲爱而辟焉。之其所贱恶而辟焉。之其所畏敬而辟焉。之其所哀矜而辟焉，之其所敖惰而辟焉。故好而知其恶，恶而知其美者，天下鲜矣。故谚有之曰："人莫知其子之恶，莫知其苗之硕。"此谓身不修，不可以齐其家。

辟，偏僻的意思。说一个人总免不了偏僻的性情。但一有偏僻的性情，就不能修身了。不能修身，就不能齐家。所以说"所谓齐其家，在修其身"。"亲爱"就是自己所亲爱的人。"贱恶"，看不起人家和厌恶人家。"畏敬"，自己所害怕和所敬重的人。"哀矜"，可怜人家和恩恤人家。"敖惰"，骄傲和懒惰。"人之其所"四字，是说人到了这个地步。人有这五种中偏僻的性情之一，就不能分别人的善恶，所以说："好而知其恶，恶而知其美者，天下鲜矣。"鲜作少字解。说我所爱好的人，而知其有恶处，我所厌恶的人，而知其有美德，这种人，是天下少有的了。谚，就是俗语。"人莫知其子之恶，莫知其苗之硕",说人对于自己的儿子,总是溺爱的。因为溺爱过分,遂不知儿子的恶处了。至于自己所种的苗呢,虽然已极粗苗,总还以为不好。这两句是古老话,引来作为譬喻的。"身不修,不可以齐其家",也是这个道理。

上面一段,朱子以为是传之八章,释"修身齐家"。

(问)何以人莫知其子之恶?
(自省)我有这五种僻性中的哪几种?

传之九章

所谓治国，必先齐其家者，其家不可教，而能教人者无之。故君子不出家而成教于国。孝者，所以事君也。弟者，所以事长也。慈者，所以使众也。《康诰》曰："如保赤子。"心诚求之，虽不中不远矣。未有学养子而后嫁者也。

"所谓治国，必先齐其家者"，是说治国，当先从齐家做起。若自己家里的人，尚不能教导，哪里还能教导别人呢？所以说："其家不可教，而能教人者无之。"那么家应该怎样齐法呢？他说，人能孝亲，就可以事君；因为君与父，是最尊严的，所以说："孝者，所以事君也。"能敬兄，就可以事长上；能慈爱下辈，就可以使役众人。所以说："弟者，所以事长也。慈者，所以使众也。"君子在家里的行为如此，即使不出家外，一国的人，也都能受君子的感化了。所以说："故君子不出家而成教于国。""如保赤子"，是《尚书·康诰》中的句子。说对一切人——家人、国人，都要保护他如新落地的婴儿一样。这个道理，只要自己心里诚诚实实地去求，虽然未必能够事事中节，但相差也不远了。所以说："心诚求之，虽不中不远矣。""未有学养子而后嫁者也"，这是说治国，只要对人如保赤子一样地去做，就是如同女人不必先学养儿子的方法而后去嫁人一般。这都是说明只要齐家得法，国自然也能治的意思。

一家仁，一国兴仁。一家让，一国兴让。一人贪戾，一国作乱。其机如此。此谓一言偾事，一人定国。尧舜帅天下以仁，而民从之。桀纣帅天下以暴，而民从之。其所令，反其所好，而民不从。是故君子有诸己，而后求诸人；无诸己，而后非诸人。所藏乎身不恕，而能喻诸人者，未之有也。故治国，在齐其家。

这段又申说治国，必先齐其家的意思。他说，倘若一家能够互相仁爱，则一国里的人，仁爱之心，也都引起来了。倘一家能够礼让，则一国的人，礼让之心也都引起来了。如若为首的人贪心狠戾，那么一国的人，也便因而作乱了。天下一切事情的动机，都是这样的。（其机如此。）再以历史证之：尧舜领导天下以仁爱，百姓也跟着他为仁爱之事，桀纣领导天下以暴虐，百姓也跟着他做暴虐的事。上行下效，是一定的道理，若自己所行的是暴事，而要想使百姓做仁爱的事，百姓是必不肯听从的。所以说:"其所令,反其所好,而民不从。""是故君子有诸己,而后求诸人",是说君子必定先使自己有了善,而后方可求之于人。断没有自己没善而可以求人的,所以说:"无诸己,而后非诸人。"照上面的说法,自己没有推己及人的恕道,而要想人家听从你的话,是一定不会有的。所以说:"所藏乎身不恕,而能喻诸人者,未之有也。"又总结说:"故治国,在齐其家。"

《诗》云:"桃之夭夭,其叶蓁蓁。之子于归,宜其家人。"宜其家人,而后可以教国人。《诗》云:"宜兄宜弟。"宜兄宜弟,而后可以教国人。《诗》云:"其仪不忒,正是四国。"其为父子兄弟足法,而后民法之也。此谓治国在齐其家。

"桃之夭夭,其叶蓁蓁。之子于归,宜其家人。"夭夭,桃花鲜红的颜色。蓁蓁,桃叶茂盛的样子。女子出嫁,叫于归。之子,就是说"这个女子"。说女子嫁人,要与一家的人和睦。一家的人能和睦,才能推其道以教一国的人。"宜其兄弟"说一个人与兄弟必须和睦。兄弟和睦,自然得推其道以教一国的人。"其仪不忒,正是四国。"忒,差错的意思。说要自己没有差错,然后四方的国家,方能匡正而治理之。作《大学》的人,三引《诗经》的句子,又重言以申论之道:正因为一家做父的、做子的、做兄的、做弟的,都互相效法,而后百姓自然也效法了。(其为父子兄弟足法,而后民法之也。)他说到这里,总结上文的话说道:"此谓治国,在齐其家。"

上面三段,朱子以为是传之九章,释"齐家治国"。

传之十章

所谓平天下,在治其国者,上老老而民兴孝,上长长而民兴弟,上恤孤而民不倍,是以君子有絜矩之道也。

"老老",上一个老字,作孝养解。下一个老字,作老人解。"长长",上一个长字,作敬重解,下一个长字,作长辈解。说在上位的人,能够孝养老人,则百姓自然会看样的,大家都孝养自己的父母了。在上位的人能够敬重长辈,则百姓自然会看样,大家都敬重自己的兄长了。在上位的人能够体恤孤弱,则百姓也自然会看样,不遗弃了。"上老老而民兴孝,上长长而民兴弟,上恤孤而民不倍。"倍就是遗弃的意思,絜,作度字解,矩作方的器具。说上面的三种事,如果在上位的人,能够推度自己的心,去施行于百姓,好像用矩去制方物一般,这就是君子之道。所以说:"是以君子有絜矩之道也。"

所恶于上,毋以使下;所恶于下,毋以事上;所恶于前,毋以先后;所恶于后,毋以从前;所恶

于右,毋以交于左;所恶于左,毋以交于右;此之
谓絜矩之道。

这一节说明"絜矩之道"。说我不喜欢上面的人,对我无
礼;所以我当以此推度下面的人,我不好以无礼待他。我不要
下面的人,对我不忠;那么我当以此推度在我上面的人,我不
好以不忠待他。至于与我相交的前后左右的人,也都一样,都
不可将我所恶的,去待他们。这就叫作"絜矩之道"。

《诗》云:"乐只君子,民之父母。"民之所好
好之,民之所恶恶之,此之谓民之父母。

又引《诗经》里的话来说明"絜矩之道"。"乐只君子"说
欢乐的君子,做"民之父母"。怎样做"民之父母"呢?就是民
所喜欢的,我从而喜欢之。民所厌恶的,我从而厌恶之。在上
面的人,能够与民同好恶,共甘苦,就无愧为民之父母了。

《诗》云:"节彼南山,维石岩岩。赫赫师尹,
民具尔瞻。"有国者不可以不慎,辟则为天下
僇矣!

这段引《诗经》以说明在上位者应有的态度。"节彼南山，维石岩岩。赫赫师尹，民具尔瞻。"节，高大的样子。师尹，周太师尹氏。赫赫，威严的样子。尔瞻，大家瞻仰之意。说看那高大的南山，耸起了一层层的岩石，威严赫赫然的师尹，正是百姓所瞻仰的。"有国者不可以不慎，辟则为天下僇矣。"说在上位有国家的人，不可不谨慎做事。一有偏僻，就要为天下人所羞辱了。

《诗》云："殷之未丧师，克配上帝。仪监于殷，峻命不易。"道得众，则得国；失众，则失国。

这段引《诗经》以说明在上位的不可无道。"殷之未丧师，克配上帝"者，说殷纣在未失败以前，能够配享于上帝，为天下之主。"仪监于殷，峻命不易。"仪，作宜字解。监，作观察解。说后来王天下者，当观察殷纣丧亡的缘故。要知道得天的大（峻）命，是不容易的。"道得众，则得国；失众则失国"是为说明诗意所加的话。如《诗》所云，我们就可知道殷纣以前的王有道，得众人之心，所以能得国。殷纣无道，失了众人之心，所以失国。

是故君子先慎乎德。有德此有人，有人此有

土,有土此有财,有财此有用。德者,本也;财者,末也。外本内末,争民施夺。是故财聚则民散,财散则民聚。是故言悖而出者,亦悖而入。货悖而入者,亦悖而出。

照上面所说,可知君子要谨守自己的道德。有道德以感人,人自然都来归附了。人来归附,境土自然日广,境土日广,生殖万物,财用就不患不足,财用足,就可供国家之用了。"德者,本也;财者,末也",说由此可知人君当以德为根本,以财为标末,根本建立,标末自然会繁盛的。"外本内末,争民施夺。"外,作疏远解。内,作亲近解。施夺,施行争夺之事。说人君如果以德为轻,而疏远之,以财为重,而亲近之,则百姓必然看样,起而争夺。"是故财聚则民散,财散则民聚",说人君把百姓的财,聚集在自己的库内,则百姓饥饿,势必散而之四方。倘把库内的财,散与百姓,则百姓必聚集拢来,为国出力。"是故言悖而出者,亦悖而入",悖,作逆字解。说人君关于政教之言,有悖逆于民心者,则百姓亦必以悖逆之言,对付君上。"货悖而入者,亦悖而出。"说人君以悖逆之道,搜刮百姓的财货,纳入自己的库内;百姓亦必用悖逆之道,对付君上,把库内的财货夺了去 。这都是说不知"絜矩之道"的缘故,做人君的不可不深思之。

《康诰》曰:"惟命不于常。"道善则得之,不善则失之矣。《楚书》曰:"楚国无以为宝,惟善以为宝。"舅犯曰:"亡人无以为宝,仁亲以为宝。"

《尚书·康诰》说:"惟命不于常。"说人君受天之命,不是平常的事,君主能行善道,就能得天命,行不善道,就要失去天命。《楚书》,楚国的古书。它说楚国没有什么宝贵的,行善最为宝贵。舅犯,晋文公的母舅。晋文公因晋国内乱,出亡在外十九年。舅犯也跟着看文公出亡,那时他说:"亡人无以为宝,仁亲以为宝。"意思是说,出亡的人,没有什么宝爱的东西,只有一颗仁心,大家互相亲爱,才可宝贵。

《秦誓》曰:"若有一个臣,断断兮,无他技,其心休休焉,其如有容焉。人之有技,若己有之。人之彦圣,其心好之,不啻若自其口出。实能容之,以能保我子孙黎民,尚亦有利哉!人之有技,媚疾以恶之。人之彦圣,而违之俾不通。实不能容,以不能保我子孙黎民,亦曰殆哉!"

《秦誓》,《尚书》中的篇名。秦穆公伐郑,到了殽的地方,为晋国所败,穆公归后,乃作此誓以告群臣。"若有一个臣,断断兮,无他技,其心休休焉,其如有容焉。"说群臣中倘若有一个人,能断断然很诚实的,似乎没有其他特异之技,但是他的心中,却休休然而有宽容的样子,这样的人,便当任用他。"人之有技,若己有之。人之彦圣,其心好之,不啻若自其口出。"不啻,就是不但。说见人有技能,即欲亲近之,好像是自己之所有。见人是个才彦贤圣,心中爱慕,无异于从自己的口中说出来。"实能容之,以能保我子孙黎民,尚亦有利哉。"说如果有这样的贤人,实在能够包容他,那么便能保护我的子孙和百姓了,这样是有益的啊!"人之有技,媢疾以恶之,人之彦圣,而违之俾不通。"媢疾,就是妒忌,说人有技能,妒忌之而恶恨之。人为才彦贤圣,违其心愿压抑之,使不能上达。"实不能容,以不能保我子孙黎民,亦曰殆哉!"说人有技能者,妒忌他。人为才彦贤圣,抑之使不能上达,这样,不能容人,就不能保护我的子孙和百姓了。人家也一定要批评道,这是很危殆的呀!

　　唯仁人,放流之,迸诸四夷,不与同中国。此谓唯仁人,为能爱人,能恶人。

　　这一节是承上文的话,用来解释《秦誓》的。说有这样媢疾技能、压抑彦圣的人,独有仁人,才能把他放流出去,使迸在夷狄的地方,不与中国同教化。就是唯有仁人,能爱人也能恶人的意思。

见贤而不能举,举而不能先,命也。见不善
而不能退,退而不能远,过也。好人之所恶,恶人
之所好,是谓拂人之性,灾必逮夫身!

见了贤人而不能举他出来;即使举了他出来,而又不能先
用他,这样,只好说是命运了。见不善的人而不能罢退他;罢
退了,仍不能疏远他。这样,就是自己的过错了。"好人之所
恶,恶人之所好,是谓拂人之性,灾必逮夫身。"说人人所厌恶
的人,我偏爱好他,人人所爱好的人,我偏厌恶他;这叫作违反
(拂)众人的性情,灾害必然要弄到自己身上来的。

是故君子有大道,必忠信以得之,骄泰以失
之。生财有大道:生之者众,食之者寡,为之者
疾,用之者舒,则财恒足矣。

这样,君子治国平天下,必有一个重要的原则(大道),他
的重要原则,是什么呢? 就是做事必定要忠实,对人必定要有
信用;若对人骄傲,只知愿自己的体泰,那就不行了。生财也
有重要原则,要使生产的人多,坐食的人少;又做生产事业能

疾速,财货自能流通舒畅,不忧窘乏了,这样,财用便得常常充足了。

仁者以财发身,不仁者以身发财。未有上好仁而下不好义者也;未有好义,其事不终者也;未有府库财,非其财者也。

"仁者以财发身,不仁者以身发财",说仁者散财,百姓都来归附,其身必然安乐,这叫以财用身。不仁者搜刮民财,必致身遭祸殃,这叫身为财用。在上者,以仁心待臣民;在下的臣民,也必能以忠义事君上。到臣民都能以忠义事君上,那么无论什么事体都不会不成功了。府库里的财货,也都是他的财货了。这是"未有上好仁而下不好义者也;未有好义,其事不终者也;未有府库财,非其财者也"一段的意思。

孟献子曰:"畜马乘,不察于鸡豚。伐冰之家,不畜牛羊。百乘之家,不畜聚敛之臣。与其有聚敛之臣,宁有盗臣。"此谓国不以利为利,以义为利也。

孟献子,姓仲孙名蔑,鲁国的大夫。"畜马乘,不察于鸡豚。""畜马乘",士初试为大夫,得养马并备车子。说初试为大夫的人,不再细察鸡与豚的小利。"伐冰之家,不畜牛羊。"古时卿大夫之家,丧祭用冰。伐,作击字解。"伐冰之家",就是指卿大夫之家,不以畜牛羊为财利了。"百乘之家,不畜聚敛之臣","聚敛之臣"就是善刮地皮的官吏,本句指卿大夫有封邑的,不养善刮地皮的官吏了。"盗臣",如强盗一般的臣子。俗语说:"宁可全担挑,勿可逐日消。"盗臣,如全担挑了去,损失尚可计算。"聚敛之臣",则逐日搜刮百姓的脂膏,使百姓不知不觉间,日就冻饿而入于死地,其害比盗臣还大,所以说:"与其有聚敛之臣,宁有盗臣!""此谓国不以利为利,以义为利也。"作《大学》之人,引了孟献子的话,以后又加以解释,说这样治理国家,是不以财货为利,而以"义"为利了。

长国家而务财用者,必自小人矣。彼为善之;小人之使为国家,灾害并至,虽有善者,亦无如之何矣。此谓国不以利为利,以义为利也。

这节总释治国平天下之事。"长国家而务财用者,必自小人矣。"说国家的君长,只知搜刮百姓的财物以为己用,这必然是小人的做法了。"彼为善之",彼,指君长,为善之,说欲为仁义之善政。倘不能为善,而使小人为政,则灾患祸害,必一齐而来,虽有善人,也没有法子挽救的。所以说:"小人之使为国家,灾害并至,虽有善者,亦无如之何矣。"照上面种种道理讲起来,为国自不当以利为利,而要以义为利啊!就是说"国不以利为利,以义为利也"。

上面共十四段,朱子以为是传之十章,释"治国平天下"。朱子又说:"凡传十章。前四章,统论纲领旨趣。后六章,细论条目功夫。其第五章,乃明善之要。第六章,乃修身之本,在初学尤为当务之急,议者不可以其近而忽之也。"

(问)何谓"不以利为利,以义为利"?

(解)朱子说:"此章之义,务在与民同好恶而不专其利,皆推广絜矩之意也。能如是,则亲贤乐利,各得其所而天下平矣。"

中庸

孔颖达《礼记正义》引郑玄《目录》云："名曰'中庸'者,以其记中和之为用也。庸,用也。孔子之孙子思伋作之,以昭明圣祖之德也。"朱子《中庸章句》引子程子曰："其书始言一理,中散为万事,末复合为一理,放之则弥六合,卷之则退藏于密,其味无穷,皆实学也。等读者,玩索而有得焉,则终身用之,有不能尽者矣。"按中庸二字的解释,当以郑氏之说为正。本书亦言"致中和"。又言"中也者,天下之大本也。和也者,天下之理道也"。是即说"中和之为用也"之意。"为用",即是"致"。本书之名,不曰"中和"而曰"中庸"者,因"中"无过甚,无不及,做人适得其中,则"和"自致。所以只说"中庸",而"和"自在其中。本书又言:"喜怒哀乐之未发,谓之中;发而皆中节,谓之和。"是"和"即出于"中"。是"中"为因,"和"为果,举"中"则"和"自见。人能用此,即为圣人,所以说"中和之为用也"。

序

　　自宋儒以《论语》《大学》《中庸》《孟子》称四子书，明清二代，就定为取士的准则。宋儒之意，以孔、曾、思、孟为道统之嫡传，故其书为必读。唯我人今日读书，但遵由浅入深之教育原理，道统问题，可置不问。四子书中以《孟子》较浅显明白，故当首读《孟子》。《论语》与《孟子》相近，且多修己治人之言，宜于次读，《中庸》言性与天道，最为精微，故宜居末。

　　《中庸》一书，自汉以来，皆以为孔子之孙子思所作。唯袁枚否认此说，其意以为孔子、孟子皆山东人，故言山必举泰山，而《中庸》独称华岳，子思未到秦地，何以不言目睹之泰山而偏遥举素所未见之华岳？是书为西汉儒家之作无疑。此其所言，不能谓为臆说。但王阳明有言："学者贵得之心，求之于心而非也，虽其言之出于孔子，不敢以为是也。求之于心而是也，虽其言之出于庸常，不敢以为非也。"何况《中庸》说理精微，为数千年道学之根源，读者当识其精微，究竟为谁所作之问题，且待后人之考证可也。

　　　　中华民国二十五年七月五日王缁尘识于海上粹芬阁

第一章

天命之谓性,率性之谓道,修道之谓教。道也者,不可须臾离也;可离非道也。是故君子戒慎乎其所不睹,恐惧乎其所不闻。莫见乎隐,莫显乎微,故君子慎其独也。

天命,是说由天所命;性指人的本性。人的本性,由于天之所命。其所谓天,即是自然界。因是这性不是什么造作的,乃是自然而然而来的,所以又称为"天性"。这就是"天命之谓性"的解释。不过这里所说,是人的性,不是禽兽的性;人能统率这个性,就是合于"人道"。所以说:"率性之谓道。"又人能修这个道以教之于别人,这就叫作"教"。所以说:"修道之谓教。"这三句,是一书的总纲也,就是程子所说"始言一理"的意思。

须臾就是"一息"。既然是个人,则对于这做人的道理,是一息不可离开的。倘若可离开,那就不是人道了。所以说:"道也者,不可须臾离也;可离非道也。"

戒慎就是警戒谨慎之意。恐惧就是担心之意。是说君子对于做人的道理,虽不目睹,也要警戒着,谨慎着。虽不耳闻,也要恐惧着,担心着,这就是不可须臾离之意。所以说:"戒慎乎其所不睹,恐惧乎其所不闻。"

暗得看不见的地方叫隐,细得看不见的物事叫微。是说君子对于人道,即使暗得看不见的地方,也要发现它,细得看不见的物事,也要表显它,使得全个人格表露出来。但这却要在独自一个人的时候去慎察的。独自一个人尚能慎察,在众目共睹的地方,自然格外能够合乎礼了。所以说:"莫见乎隐,莫显乎微,故君子慎其独也。"

喜怒哀乐之未发,谓之中。发而皆中节,谓之和。中也者,天下之大本也。和也者,天下之达道也。致中和,天地位焉,万物育焉。

人人都有喜怒哀乐,但人人不免喜怒哀乐之过甚,或不及。只有未发的时候,才能无过甚与不及的弊病,这就叫作"中"。等到发了出来,也能无过甚、无不及,这就叫作"中节",也就是"和"之一字。所以"中",是天下事事物物最大的本源。人而能"和",则天下都可通行了,所以说:"喜怒哀乐之未发,谓之中。发而皆中节,谓之和。中也者,天下之大本也。和也者,天下之达道也。"人能够做到这个地步,就能合于天地的运行。天地运行而能"中节",而能"和",就是万物所以化生所以长养的道理，也就是由宇宙观以决定人生观的来由。他所说的"致中和，天地位焉，万物育焉"，就是这意思。

上面两段，朱子以为系第一章。其下十章，则子思引夫子之言，以终此章之义云。

（问）何谓"致中和"？

（解）中国历史的进化，当以孔子为一大关键。孟子以孔子为集大成，其实一切理论，也可以说到孔子而一大革命。孔子以前，所称的"天命"，离不了神权政治的色彩，以为天子是受命于天的。孔子却不然，他说："五十而知天命。"他所说的"天命"，是自然的原因结果，与进化论、唯物观有些相近。这是思想观念的一大进化。又如孔子以前所称的君子，是指在上位、享富贵的人。孔子则以称有道德的人，和不道德的小人相对待（胡适之《中国哲学史大纲》中所说）。这又是思想观念的一大进化。孟子所说的"守先王之道，以待后之学者"，我想，这句话只有孔子足以当之。所谓"守先王之道"，集大成也。"待后之学者"，赞颂孔子对于伦理理论，有大启发也。

第二章

仲尼曰：“君子中庸，小人反中庸。君子之中庸也，君子而时中；小人之反中庸也，小人而无忌惮也。”

君子能用中和之道，所以说："君子中庸。"小人不能用中和之道，事事和君子的行为相反，所以说"小人反中庸"。时中，就是喜怒哀乐时时中节的意思，所以说："君子之中庸也，君子而时中。小人之反中庸也，小人而无忌惮也。"无忌惮，就是无所禁忌，人若到了无所禁忌的地步，还有什么坏事不可做呢？

上面一段，朱子以为是第二章。

第三章

子曰:"中庸其至矣乎! 民鲜能久矣!"

这段也有作"仲尼曰"的,中庸本是一个形容词,用之既久,就成一个名词了。上节和这节都是这般用法。孔子的意思,以为一个人的行为,如能做到中庸二字,他的人格已是最高的了! 可惜一般人很少做得到呀! 这是孔子慨叹之辞。鲜,作少解。

上面两句,朱子以为是第三章。

第四章

子曰:"道之不行也,我知之矣。知者过之,愚者不及也。道之不明也,我知之矣。贤者过之,不肖者不及也。人莫不饮食也,鲜能知味也。"

这是讲做人的路途。做人以中庸为目标,所以这里所说的"道",也就是中庸之道了。孔子说:"中庸之道不能通行的缘故,我晓得了。聪明的人,以为太平常,不肯走,一定要走中庸以上的路途。呆笨的人,智力有所不及,又走不上中庸的路途。(道之不行也,我知之矣。知者过之,愚者不及也。)而且中庸之道,不但无人能行,并且无人能够了解,这是什么道理呢?因为贤德的人,以为中庸的道理太平常,不足以阐明万事万物,那不肖的人,又不能晓得其中的重要。(道之不明也,我知之矣。贤者过之,不肖者不及也。)所以孔子深长慨叹:"人莫不饮食也,鲜能知味也。"意思是说,中庸之道,如人的饮食一般,虽然没一个人不饮食,但能真正知味的却很少呢。

上面一段,朱子以为是第四章。

第五章

子曰:"道其不行矣夫!"

孔子叹息道:"中庸之道,怕不能行了吧!"

上面一句,朱子以为是第五章。

(问)何谓"道"?

(解)上面四段,都是说中庸之道。下面各段,又对中庸之道,反复说明之。

第六章

子曰:"舜其大知也与!舜好问而好察迩言,隐恶而扬善。执其两端,用其中于民,其斯以为舜乎!"

"舜其大知也与",是孔子叹美舜的话,意思是说:"舜是个大智慧的人罢!""舜好问而好察迩言"以下,都是说明舜所以为大智的原因。"好问",是每件事体喜欢去请教人。"察迩言",是体察相亲近的人说的话。凡人家不好的行为,代他隐蔽。人家好的行为,代他宣扬。叫作"隐恶而扬善"。"执其两端,用其中于民"者,是说凡百事情,都有一正一反、一善一恶的两面。平常的人看见正面是善,不知它反面却是恶。看得正面是恶,不知反面或有善。舜却能"执其两端",折中于两者之间,所以能施之于政事了。(用其中于民。)孔子说到这里,又重言以叹美之道:"其斯以为舜乎!"这就是舜之所以为舜了啊!

上面一段,朱子以为是第六章。

第七章

子曰:"人皆曰予知,驱而纳诸罟擭陷阱之中,而莫之知辟也。人皆曰予知,择乎中庸而不能期月守也。"

罟,是捕鱼鸟的网。擭,是捕兽的机关。陷阱,就是陷坑。总之都是捕捉禽兽的器具。孔子叹道:"个个人都说自己聪明,而被人驱入罟擭陷阱之中却不晓得避免;又个个人都说自己聪明,而自己所选的中庸之道,竟守不到一个月之久。这样,还能说自己是个聪明人吗?"

上面一段,朱子以为是第七章。

第八章

子曰："回之为人也，择乎中庸，得一善则拳拳服膺而弗失之矣。"

回，就是颜渊。拳拳，忠实地奉行着的样子。服膺，存在心中不忘记的意思。上章孔子叹一般人不能常守中庸之道，此章却举出有个弟子叫颜渊，做事都择中庸之道而行，即使是一句善言，一件善行，他也很忠实的奉行着，常常记在心里，不肯把它忘掉。

上面一段，朱子以为是第八章。

第九章

子曰:"天下国家可均也,爵禄可辞也,白刃可蹈也,中庸不可能也。"

均,作平治解。白刃,就是白晃晃的刀。蹈,是把刀向身上刺进去。孔子极言中庸之难,说:"天下国家虽大,也有方法可以平治。高爵厚禄可恋,也不难立刻辞掉,白晃晃的一刀刺入可怕,却有不怕的时候。只有那中庸的道理,是不可勉强的,是不容易做得到的。"

上面一段,朱子以为第九章。

第十章

子路问强。子曰:"南方之强与？北方之强与？抑而强与？宽柔以教,不报无道,南方之强也,君子居之。衽金革,死而不厌,北方之强也,而强者居之。故君子和而不流,强哉矫！中立而不倚,强哉矫！国有道,不变塞焉,强哉矫！国无道,至死不变,强哉矫！"

子路,就是仲由。他好勇,所以问孔子什么叫作强。孔子道:"你问的是南方人的强呢？北方人的强呢？还是你(而同你)自己的强呢？""宽柔以教",是说把宽洪大量柔和容忍的道理去教人,即使人家以无道待我,我也不怀报复之心(不报无道),这叫"南方之强"。"衽金革"者,衽,作带着解,金革,就是刀枪甲胄之类,是说着了甲胄,带了刀枪,和人去作战,即使死了也不以为厌,这是"北方之强"。南方之强以理义为重,是君子所能做的,所以说"君子居之"。北方之强,以武勇为重,所以说"强者居之"。"强哉矫",是形容强者形貌的俨然。"和而不流",是说面和而心却不与流俗相混,孔子称赞他以为俨然是君子之强。"中立而不倚",是说只守中庸之道,不倚靠别人,孔子也称赞他以为俨然是君子之强。"国有道,不变塞焉",塞,充实的意思,是说国家有道的时候,守着充实的意志而不变易,国家无道的时候,守着自己的意志,至死不变。(国无道,至死不变。)这两者孔子也以为俨然是君子之强,很称赞他。

上面一段,朱子以为是第十章。

第十一章

子曰："素隐行怪,后世有述焉,吾弗为之矣。君子遵道而行,半途而废,吾弗能已矣。君子依乎中庸,遁世不见知而不悔,唯圣者能之。"

"素隐行怪",是说深谈隐僻的道理,知一般人所不必知;怪异的行为,为一般人所不能为。像这些虽能够欺世盗名,或为后世所称述,但孔子说这些我是不做的。"君子遵道而行,半途而废",是说一般自命为君子的人,总算事事遵着大道而行了。但他们只做到一半就废弃不做,孔子说,这也是我所不做的。真真的君子,只是一心归命地依着中庸之道做去,即使你躲在山林里面没有人看见你,没有人晓得你,你也恪守自己做人的道理,一点不悔恨。他说,这只有聪明睿知的人才能做得到。(君子依乎中庸,遁世不见知而不悔,唯圣者能之。)

上面一段,朱子以为是第十一章。

(问)强有几种?

（解）朱子曰："子思所引夫子之言，以明首章之义者止此。盖此篇大旨，以智仁勇三达德为入道之门，故于篇首，即以大舜、颜渊、子路之事明之。舜，知也。颜渊，仁也。子路，勇也。三者废其一，则无以造道而成德矣。"总之以上数章，都在反复地说明中庸的德性。

第十二章

　　君子之道，费而隐。夫妇之愚，可以与知焉；及其至也，虽圣人亦有所不知焉。夫妇之不肖，可以能行焉；及其至也，虽圣人亦有所不能焉。天地之大也，人犹有所憾。故君子语大，天下莫能载焉；语小，天下莫能破焉。《诗》云："鸢飞戾天，鱼跃于渊。"言其上下察也。君子之道，造端乎夫妇，及其至也，察乎天地。

　　朱子说："费，用之广也。隐，体之微也。"是说君子之道，用处很广大，而其体则极微妙，说其大体，即一般普通男女也都能预闻知道。（夫妇之愚，可以与知焉。）至于精微深妙之处，虽圣知的人，也有所不知。（及其至也，虽圣人亦有所不知焉。）就事实上说，也是一般普通男女能够做的，如要做到精微深妙，则虽圣知的人也有所不能哩！（夫妇之不肖，可以能行焉；及其至也，虽圣人亦有所不能焉。）"天地之大也，人犹有所憾"，是说天地这般大，人还以不能尽知其理由为恨。因为天地间的事物，说它是大，虽天下也不能藏载得下；说它是小，虽圣知的人也不能分辨得明白。(故君子语大,天下莫能载焉;语小,天下莫能破焉。)《诗》云:"鸢飞戾天,鱼跃于渊。"这是《诗经》中说鸢在天空中飞舞,鱼在深渊里跳跃,是一般人都知道的。若要问鸢何以能飞,鱼何以能跃,那就是圣知的人也不能明白。不过一般人只以为俯仰观察,有这样一回事,便不去再求别的了。"君子之道,造端乎夫妇,及其至也,察乎天地。"是说君子所说的道理,说它简单,可从夫妇之间做起;说它远大,就是天地之大,造化之妙,也无不包括在内。

上面一段,朱子以为是第十二章。

(问)何谓"造端乎夫妇"?

(解)此章理论,在夫妇为比喻,最为切实明白。如男女二人结为夫妇,夫妇媾精而生孩子,这是无论何人能知能行的。然究其何以能产生孩子的道理,则虽大哲上智,还是有所不明。君子之道,也是这样,近自夫妇居室,远至天地造化,都可包举在内。

61

第十三章

子曰："道不远人,人之为道而远人,不可以为道。《诗》云:'伐柯伐柯,其则不远。'执柯以伐柯,睨而视之,犹以为远。故君子以人治人,改而止。"

什么是道? 上面不是说过"率性之谓道"吗? 所以道不在别处,即在日常生活之中。故曰:"道不远人。"若人以道为高远深奥,那便与道相离日远了。所以说"人之为道而远人,不可以为道"。《诗经》里有"伐柯伐柯,其则不远"的两句诗,柯,就是斧柄。则,作法则解。睨,斜眼观看的样子。伐柯,是砍木头作斧柄。说人执着斧柄,去砍木头;这木头,也是拿来做斧柄的,我们如果要晓得所砍的木头的长短粗细,只要看他手里执着的斧柄怎样就好了。这就是要在近处着想的意思,现在砍木头的人,不看手里的斧柄,却斜着眼睛去看别的,岂不错误了吗? 所以说"执柯以伐柯,睨而视之,犹以为远。故君子以人治人,改而止"的两句话,是说君子只要以近在于身的人道去待人,使人改过从道,那就行了,不必他求了。

"忠恕违道不远，施诸己而不愿，亦勿施于人。"

　　做人的道理，如果能够尽忠恕两个字，和道也相差不远了。忠是把自己的心，去推度别人的心。恕是自己所不愿的事情，也不叫别人领受。远，作离开解。大意是说一个人能尽忠尽恕，离道也不远了。这并不是难事，是人人可以做得到的。

　　"君子之道四，丘未能一焉。所求乎子，以事父未能也。所求乎臣，以事君未能也。所求乎弟，以事兄未能也。所求乎朋友，先施之未能也。庸德之行，庸言之谨，有所不足，不敢不勉；有余不敢尽。言顾行，行顾言，君子胡不慥慥尔！"

　　自子曰起，都是孔子的话，所以此节孔子自己称丘。说"君子之道"的四个项目，我一个都做不到。（丘未能一焉。）求，作责成解，说责成我做人子的道理，而我不能事父。责成我做人臣的道理，而我不能事君。责成我做人弟的道理，而我不能事兄。责成我交朋友的道理，而我不能先施德惠于朋友。这是他老先生自谦的话。庸，作平常解。孔子又说，我只是实践平常的道德,谨守平常的言论。(庸德之行,庸言之谨。)对于做人的道理,自己觉得欠缺的,不敢不勉强去做。(有所不足,不敢不勉。)此以外却不敢多求,所以说:"有余不敢尽。""言顾行,行顾言",他说我只是所说的话,顾到所做的事;所做的事,顾到所说的话。慥慥是诚实的样子,"君子胡不慥慥尔",是说要做君子,为什么不诚诚实实的照这样去做呢!

上面三段,朱子以为是第十三章。

(问)何谓"道不远人"?

(解)此章申言中庸之道。孔子的意思,以为道只须在日常生活中去体味出来,就是一句平常的格言,一件平常的行为,能够老老实实地去做,就是了。若以道为高远而不去求它,那真与道日远了。

第十四章

君子素其位而行，不愿乎其外。素富贵，行乎富贵。素贫贱，行乎贫贱。素夷狄，行乎夷狄。素患难，行乎患难。君子无入而不自得焉。

素，同"在"的意思。"君子素其位而行"，是说君子做人，在怎样的地位，就怎样做法。不愿做地位以外的事，所谓"不愿乎其外"也。如在富贵地位，就做富贵地位的人。在贫贱地位，就做贫贱地位的人。就是在夷狄，也就做夷狄的人。在患难地位，也就做患难的人。君子不论到什么地位，都是悠然自得的，所以说"君子无入而不自得焉"。

在上位，不陵下。在下位，不援上。正己而不求于人，则无怨。上不怨天，下不尤人。故君子居易以俟命，小人行险以徼幸。子曰："射有似乎君子，失诸正鹄，反求诸其身。"

此章是作《中庸》的人所加的话，所以末段引孔子的话以为证。"在上位，不陵下。在下位，不援上"是说在上等位子的人，不欺凌下面的人。在下面的人，不攀援上面的人。一个人只要自己规规矩矩地做去，一概不求人，自然没有什么怨望了。而且因此，也不致上怨天，下尤人。（正己而不求于人，则无怨。上不怨天，下不尤人。）这是最正当的道理。"居易以俟命"，是说居在平易的地位，安心做事，以待天命的到来，这样即可称为"君子"。至于小人呢，却要钻营运动，妄求富贵，即使偶尔得到，也不是正经的道理。这种"行险以徼幸"的办法，是他所反对的。他又引孔子的话以证明之，说："射有似乎君子，失诸正鹄，反求诸其身。"是说射箭的道理，有像君子的做人。射箭射不着的鹄，必因自己立得不正的缘故，这不能埋怨人家，只要回转身来自己想想就是了。诸，语助代名词，作之于二字解。

上面两段，朱子以为是第十四章。

（问）何谓"素其位而行"？

（解）富者故意装穷，或贪欲不知厌足；贫者日夜忧愁，或谄媚以事富者，都是不能素位而行。有愧于"无入而不自得"的教训了。

第十五章

君子之道,辟如行远必自迩,辟如登高必自卑。《诗》曰:"妻子好合,如鼓瑟琴。兄弟既翕,和乐且耽。宜尔室家,乐尔妻孥。"子曰:"父母其顺矣乎!"

辟如,和譬如相同。迩,作接近解,和远字相对。卑,作低下解,和高字相对。鼓瑟琴就是瑟和琴合奏,指和顺的声音。翕,和睦的意思;耽,欢乐的意思。妻孥,就是妻子。作《中庸》的人又说:"君子的行道,如行远路一般,必从近地起;如登高山一般,必从低地起。"做人也当从近处低处做起。《诗经》里说:"妻子和好,有如瑟琴合奏一样,兄弟投合,自然和好而且欢乐了。这样的室家一定很相宜,妻子一定很欢乐的。"孔子读了这句诗便叹道:"果然能够这样,他的父母,一定也很乐意了哩!"

上面一段,朱子以为是第十五章。

第十六章

子曰:"鬼神之为德,其盛矣乎! 视之而弗见,听之而弗闻,体物而不可遗。使天下之人,齐明盛服,以承祭祀,洋洋乎如在其上,如在其左右。《诗》曰:'神之格思,不可度思,矧可射思!'夫微之显,诚之不可掩,如此夫!"

人死后的魂灵叫鬼,神就是神明,所谓"聪明正直之为神"。孔子说,鬼神的德性是极其盛大的罢! 看也看不见它的形状,听也听不着它的声音,但它的生养万物,却没什么遗漏。(鬼神之为德,其盛矣乎! 视之而弗见,听之而弗闻,体物而不可遗。)"使天下之人,齐明盛服,以承祭祀,洋洋乎如在其上,如在其左右。"齐,同斋字,就是斋戒;明,作洁净解。是说鬼神能使天下之人,都斋戒沐浴,整齐衣冠以奉承祭祀;祭祀的时候,又像鬼神在他的头上,在他的左右一般,无不充满着流活着。(朱子说:"洋洋,流动充满之意。")格,作来字解。思,语助词。矧,作况字解。射,作厌倦解。意思是说,鬼神来享受祭祀,无形无声,不可意度,又何况厌倦呢! (神之格思,不可度思,矧可射思!)孔子引了《诗经》里这三句诗,又加上说明道:"夫微之显,诚之不可掩,如此夫!"鬼神的形状,微妙而不可见;而他的灵验,却很显著,所以能使人"齐明盛服,以承祭祀",这样的恭敬诚实,全出于自然的表现,恭敬诚实,不可掩蔽,竟至于此呀!这是孔子赞叹之辞,所以教人时时刻刻从恭敬诚实方面做去,如不恭敬诚实,即使要掩蔽,也是掩蔽不住的。

上面一段,朱子以为是第十六章。

第十七章

子曰:"舜其大孝也与! 德为圣人,尊为天子,富有四海之内,宗庙飨之,子孙保之。故大德,必得其位,必得其禄,必得其名,必得其寿。故天之生物,必因其材而笃焉。故栽者培之,倾者覆之。"

孔子说:"像舜这样真是个大孝的人吧! 论他的道德,已到了圣人的境地。论他的权位,已是天子之贵。论他的富,已有四海之大。死了之后,世世受宗庙的祭(飨)祀。他的子孙,又世世代代能保守着。由此可见,有大德的圣人,必得尊位,必得大禄,必得高名,必得大寿。因为天之产生人物,必因其材质而增加(笃)之。如同树木一样,既已栽植了,必加以培溉。如果材质不好,必致于倾斜复灭为止。"

《诗》云:"嘉乐君子,宪宪令德,宜民宜人,受禄于天。保佑命之。自天申之。"故大德者,必受命。

孔子又引《诗》以说明有大德的圣人。嘉,作善字解。宪宪,兴盛的样子。令德,有道德的名誉。意思是说:"善乐的君子,是有盛大的好名气的。如果为天子,必顺应于百姓,顺应于一切的人。他所享的禄,乃天所给予的,所以天必保佑他,命他为天子,天又必绵延其福祉,以至于无穷。"这是《诗经》里的话。孔子又加以断语道:"所以有大德的人,必是受命于天的。"

上面两段,朱子以为是第十七章。

第十八章

子曰:"无忧者,其惟文王乎! 以王季为父,以武王为子;父作之,子述之。武王缵大王、王季、文王之绪,壹戎衣而有天下,身不失天下之显名,尊为天子,富有四海之内,宗庙飨之,子孙保之。"

孔子说:"做人没有忧心的,只有文王吧! 他有王季这样的父亲,有武王这样的儿子;父亲创立了基业,做儿子的又能继志述事。武王便是继承(缵)大王、王季、文王的统绪的,他一用兵而灭纣,得了天下。自己又不失掉天下人所重视的好名声,尊为天子,富有四海,死了之后,世代受宗庙的飨祀,子孙又世代保守而勿失。"

"武王末受命,周公成文武之德,追王大王、王季,上祀先公以天子之礼。斯礼也,达乎诸侯大夫,及士庶人。父为大夫,子为士,葬以大夫,祭以士;父为士,子为大夫,葬以士,祭以大夫。

期之丧，达乎大夫。三年之丧，达乎天子。父母之丧，无贵贱一也。"

这里所说，为周公之事。末，年老的意思。追王，就是追溯上去把先代加了王号。因周到文王，尚称西伯。大王、王季的王号，是周公所追加的。上祀先公，是说大王以前的祖宗，都有祭祀也。古时最重祭礼，故下接以"斯礼也"等句。意谓："武王晚年受天命，没做到追王大王、王季的事。到周公承文王、武王的德泽，才将大王、王季加上王号。并以天子之德，祭祀以前的祖宗。这个礼，从诸侯大夫，直及于士与百姓。这礼所定的，如父为大夫，子为士的，则葬时须用大夫的礼，祭时须用子的士礼。如父为士，子为大夫，则葬时须用士的礼，祭时可用大夫的礼。至于期年之丧，只到大夫为止，天子诸侯，可以不服。惟三年之丧，自百姓以至于天子，都是一律的。意为三年是父母之丧，不能有贵贱的分别的。"

上面两段，朱子以为是第十八章。

第十九章

子曰:"武王、周公,其达孝矣乎! 夫孝者,善继人之志,善述人之事者也。春秋,修其祖庙,陈其宗器,设其裳衣,荐其时食。"

达,作通字解。孔子说,武王、周公是通达孝道的人吧! 知孝道的人,一定是善于继承前人的志向,善于传前人的事业的。(武王、周公,其达孝矣乎! 夫孝者,善继人之志,善述人之事者也。)祖庙,祖宗神位所在的庙,每年春秋必须加以修理。宗器,为先世重要的祭器。裳衣,是祖先穿过的衣服。时食,就是四时所出之物。荐,作祭祀解。这是说武王周公,善继志善述事,所以"春秋,修其祖庙,陈其宗器,设其裳衣,荐其时食",以示不忘先人的意思。

"宗庙之礼,所以序昭穆也。序爵,所以辨贵贱也。序事,所以辨贤也。旅酬下为上,所以逮贱也。燕毛,所以序齿也。"

宗庙里的神位,左边称昭,右边称穆,为辨别尊卑之礼,所以说:"宗庙之礼,所以序昭穆也。""序爵,所以辨贵贱也。"是说官爵的大小,也有一定的礼,所以辨别贵贱的。事是守宗庙者的职事,分别才能,使各司一职。所以说:"序事,所以辨贤也。"旅,作众人解。酬,是领导饮酒的意思。逮,作及字解。下为上,是说子弟各举酒以奉其尊长,先尊贵而后及于卑贱,所以说:"旅酬下为上,所以逮贱也。""燕毛,所以序齿也",燕,同饮宴的宴;毛,就是发。说祭祀既毕,以毛发的白黑分别长幼,使知年齿的高低。这一节所说,都是宗庙里祭祀的礼节。

　　"践其位,行其礼,奏其乐,敬其所尊,爱其所亲;事死如事生,事亡如事存,孝之至也。"

　　"践其位,行其礼,奏其乐",是说坐这位子,就行这礼,奏这乐。敬重尊长,爱护亲人。(敬其所尊,爱其所亲。)又奉事已死的尊亲,如在生时一样。奉事已亡的人,如存在时一样。人能做到这样,可称孝到极顶了。

　　"郊社之礼,所以事上帝也。宗庙之礼,所以祀乎其先也。明乎郊社之礼,禘尝之义,治国其如示诸掌乎！"

郊，是祭天。社，是祭地。祭天地，就是奉事天上的神明（上帝）。所以说："郊社之礼，所以事上帝也。"宗庙里所供的是祖先，所以说："宗庙之礼，所以祀乎其先也。"禘，是天子在宗庙中最重要的大祭。尝，是每年秋天所行的常祭，如同今人的做七月半。孔子以为只要人人敬奉鬼神，自不敢为非作恶。只要明白这种种祭祀的礼节和意义，就是治国家，也如同看掌上螺纹一样的容易了。所以说："明乎郊社之礼，禘尝之义，治国其如示诸掌乎！"诸，作之于解。

上面四段，朱子以为是第十九章。

（问）何谓"善继善述"？

（解）古代以神权政治统理国家，所以最重祭祀。祭祀时人人都恭敬诚虔，如有鬼神在上监察一般，为非作恶的念头，自然没有了。这是圣人神道设教的本意。

第二十章

哀公问政。子曰："文武之政，布在方策。其人存，则其政举。其人亡，则其政息。人道敏政，地道敏树。夫政也者，蒲卢也。"

哀公是鲁国国君，问孔子以政治之学。孔子回对道："文武之政，布在方策。"方，就是版。策，就是简。古时用木版竹简记载政事，如现在的政治典籍。是说周文王、武王所施行的政事，都载在典籍上面。文王、武王存在的时候，一切政事都能举行。等文王、武王死了，他的政事，也就息灭了。（其人存，则其政举。其人亡，则其政息。）蒲卢是一种容易生长的草木。敏，快的意思。施行政事，如生长草木。只要人去做，无不可即速成功的。如同种植蒲卢一般，所以说："人道敏政，地道敏树。夫政也者，蒲卢也。"

"故为政在人，取人以身，修身以道，修道以仁。仁者，人也，亲亲为大。义者，宜也，尊贤为大。亲亲之杀，尊贤之等，礼所生也。"

上说施政,譬如种树。此说为政,在于得人。应该取怎样的人,先要看人的本身,看他能不能照道德的标准做去,以合于修身的原则。至于修身的要道,在于捉住一个仁字。所以说:"故为政在人,取人以身,修身以道,修道以仁。"什么叫作仁呢?仁,就是做人的道理。知道做人的道理,才能亲爱自己的亲人。这是"仁者,人也;亲亲为大"的意思。义是宜,当做的事,宜做的事,最重大的,便是尊敬贤人。这就是"义者,宜也,尊贤为大"的意思。杀,作减退解。先由最亲的人,以推之于次亲的人,再由次亲的人,以推之于疏远的人。一步一步地递演下去叫作"亲亲之杀"。贤者也有等级,最贤者,最宜尊敬。再依次推开去,叫作"尊贤之等"。"亲亲之杀,尊贤之等",是礼所产生的。

"故君子不可以不修身;思修身,不可以不事亲;思事亲,不可以不知人;思知人,不可以不知天。"

照上面说来,所以君子"不可以不修身"。要想修身,须从孝事父母做起,故"不可以不事亲"。既想以孝事亲,必须取正经的朋友,故"不可以不知人"。想知人,又须先知自然之理,事事取法于自然,故"不可以不知天",上面说过天命之谓性的天，就是自然界。

　　"天下之达道五，所以行之者三。曰：君臣也，父子也，夫妇也，昆弟也，朋友之交也，五者，天下之达道也。知、仁、勇三者，天下之达德也。所以行之者一也。"

　　达道，就是到处可以通行的道理。这道理，无非是君对臣，臣对君，父对子，子对父，夫对妇，妇对夫，以及兄弟、朋友之间的关系。对付这种种的关系，一要有智慧，二要存仁爱之心，三要做事勇敢，智慧、仁爱、勇敢，是到处可以通行的最重要的德性。这三种名目虽然不同，但在实践方面说，还是一个原则。（所以行之者一也。）

　　"或生而知之，或学而知之，或困而知之，及其知之一也。或安而行之，或利而行之，或勉强而行之，及其成功一也。"

　　上面的道理，在上智的人，不要教训，自然能够知晓。次一等的，须受过教训，才能知晓。再次一等的，一时学不会，必须经过很长时间，才得知晓。所以就资质说，人可分为三等。

三等人虽有高下之别，但明晓之后，三等人还是一样的。这是
"或生而知之，或学而知之，或困而知之，及其知之一也"一段
的意思。至于就实践说，有的人安安稳稳地做去，有的人还能
顺利地做去，有的人必须勉强才能做去。这三等人的做法虽
各不同，但到最后的成绩，还是一样的。这是"或安而行之，或
利而行之，或勉强而行之，及其成功一也"一段的意思。

子曰："好学近乎知，力行近乎仁，知耻近
乎勇。"

此节"子曰"二字，朱子以为是多余的。其实按孔子《家
语》"成功一也"之下，还有哀公说的话，所以其下又用"子
曰"。今哀公说的话已为人删去，而"子曰"就成了衍文。孔
子说，不论哪一个人，只要勤心求学，种种道理，自然能够明
白。所以说："好学近乎知。"不论哪一个人对于种种道理，能
够尽力去做，自然能成一个仁人。所以说："力行近乎仁。"一
个人误做了事，自知廉耻，一心改过，就是勇敢。所以说："知
耻近乎勇。"

"知斯三者，则知所以修身；知所以修身，则
知所以治人；知所以治人，则知所以治天下国

家矣。"

一个人能好学、力行、知耻,就能知修身的道理了,因为修身也无非是智、仁、勇三项的达德。"知所以修身,则知所以治人;知所以治人,则知所以治天下国家矣。"意思是说,天下国家,不过是人的集体。能修身的人,必定能够治人,能治少数人,必能治多数人。以自己推到人家,又以少数人推到多数人,事情虽有万殊,原理只是一个。

"凡为天下国家有九经,曰:修身也,尊贤也,亲亲也,敬大臣也,体群臣也,子庶民也,来百工也,柔远人也,怀诸侯也。"

为,治理的意思。上面说治天下国家,和治少数人没有什么两样,这段说治天下国家——治人——有九项重要的条目。经,作常道解,就是九个原则。一修身。二尊敬贤人。三爱护亲人。四敬重大臣。五体恤群臣。六抚养百姓,百姓都当自己儿子样地待他,所以说:"子庶民也。"什么叫作"来百工也"呢?因为一地方的工人,技艺有限,制造不出好的东西来,要制造好的东西,必使各地方的工人,集在一处。"柔远人",是说对待远方的人,必须用柔婉之道。"怀诸侯",是使天下诸侯万国皆怀念威德，而来朝贡天子。

"修身则道立，尊贤则不惑，亲亲则诸父昆弟不怨，敬大臣则不眩，体群臣则士之报礼重，子庶民则百姓劝，来百工则财用足，柔远人则四方归之，怀诸侯则天下畏之。"

"修身则道立"，是说事事合于道德的标准，则做人的道理，自然坚定不为摇动了。又说，尊敬贤者有人辅佐，临事自然不会惑乱了。敬重大臣，量才任用，办事自有条理，不会昏眩而不知适从了。体恤群臣，则才能之士，皆思感恩报答，而知所以尊君了。以待子之心待百姓，则百姓必互相劝勉，以事其上了。招徕远地的工人，使之制器造物，则财用自然恒足，不致匮乏了。怀柔远人，则四方之人，自然都来归附了。威怀诸侯，则天下各国，都畏服来朝于天子了。这都是说九经的效验。

"齐明盛服，非礼不动，所以修身也。去谗远色，贱货而贵德，所以劝贤也。尊其位，重其禄，同其好恶，所以劝亲亲也。官盛任使，所以劝大臣也。忠信重禄，所以劝士也。时使薄敛，所以劝百姓也。日省月试，既禀称事，所以劝百工也。

送往迎来，嘉善而矜不能，所以柔远人也。继绝世，举废国治乱持危，朝聘以时，厚往而薄来，所以怀诸侯也。凡为天下国家有九经，所以行之者一也。"

上面说行九经的效验，这里说施行九经的方法。斋戒以后，穿了洁净的大衣，一切事情都照礼法做去，这就是修身的方法。（齐明盛服，非礼不动，所以修身也。）专说人家坏话的谗人，要去掉他。常时以笑脸媚人的人（色），也要远离他。货，就是财货。德，就是道德。轻财货，重道德，就是奖励贤人的道理。（去谗远色，贱货而贵德，所以劝贤也。）自己的亲人，应尊崇他的地位，多给以俸禄。他有好处，应该赞赏。他有坏处，应该责罚。这是亲爱亲人的方法。（尊其位，重其禄，同其好恶，所以劝亲亲也。）"官盛任使"，是说官位高大，官属盛多的，当信任他，听其使用，是劝勉大臣的道理。"忠信重禄"，是说勉励士人以忠信之行，又重给以禄俸，这是劝勉士人的道理。对于百姓，服公役当在农事空闲的时候，而钱粮当尽量减轻征收，这是劝勉百姓的道理。（时使薄敛，所以劝百姓也。）饮食仓廪里的米谷，叫既廪。是说对于百工，宜每日省亲，每月试验，要给他以余廪，才可责成他以守职。这是劝百工的道理。（日省月试，既廪称事，所以劝百工也。）远方的人，去者送他,来者迎他。有善行的嘉奖他,才能薄弱的矜恤他,这是怀柔远人的道理。(送往迎来,嘉善而矜不能,所以柔远人也。)诸侯之国,有被人灭亡的,当设法救扶,已绝的使得继续,已废的使得振兴。他们国内若有乱事,当为之治平。若有危难,当为之维持,又使之依一定的时期以朝天子,以聘各国。至于诸侯送来的礼物,虽则很薄,也不要苛责他,而我们自己送他的必须丰厚,那么,诸侯自然怀德畏威了。这就是"继绝世,举废国,治乱持危,朝聘以时,厚往而薄来,所以怀诸侯也"这一段的意思。以上所说为治天下国家的九项重要条目。条目虽有九项,至于行使的道理,都是一样的。所以说:"凡为天下国家有九经,所以行之者一也。"

"凡事豫则立,不豫则废。言前定,则不跲。事前定,则不困。行前定,则不疚。道前定,则不穷。"

豫,就是预备。凡百事体,都要先有预备,然后才能做得成功。如果没有预备,必致废减而无所成。(凡事豫则立,不豫则废。)跲,作阻碍解。困,就是困难。是说要发言的时候,能预先想定,然后出口,则不致于生出阻碍来。做事也是如此,事先预定,方不会感到困难,这是"言前定,则不跲。事前定,则不困"的意思。疚,作疾病解。是说将要行动,预先想定,才不会生出毛病来。(行前定,则不疚。)道路能预定妥,则不致于走不通。(道前定,则不穷。)

"在下位,不获乎上,民不可得而治矣。获乎上有道,不信乎朋友,不获乎上矣。信乎朋友有道,不顺乎亲,不信乎朋友矣。顺乎亲有道,反诸身不诚,不顺乎亲矣。诚身有道,不明乎善,不诚乎身矣。"

这一节与《大学》"古之欲明明德于天下者"一段是一样的说法。一个人第一在于明白善恶,现在且从远处说起,一层层地推勘进去。在下位的人,不能获得上面的信任,是必不能治百姓的。要获得上面的信任,有一定的道理,必须对朋友先有信用;对朋友没有信用,必不能获得上面的信任。要对朋友有信用,也有一定的道理,须先孝顺自己的双亲;如果双亲尚不能孝顺,就不能使朋友相信了。孝顺双亲也有一定的道理,先要反省自己做人是不是诚实,而要诚实,又必心中明白善恶。不明白善恶,即是不能诚实。

"诚者,天之道也。诚之者,人之道也。诚者,不勉而中,不思而得,从容中道,圣人也。诚之者,择善而固执之者也。"

天道运行,昼夜四时,无一间断,最为诚实,所以说:"诚者,天之道也。"人生活在自然界中,不能违背自然的法则,天诚实,人也应该诚实而学它的样子,所以说:"诚之者,人之道也。"圣人禀赋特异,一切性行,都合于天道,故不必勉强,自能中节。不必思索,自能获得。从从容容地做去,自然会合着道理。(诚者,不勉而中,不思而得,从容中道,圣人也。)至于别的人呢,却须下勉强的功夫,拣定好的行为,坚执着做去了,这就是所谓"诚之者,择善而固执之者也"的意思。

"博学之,审问之,慎思之,明辨之,笃行之。有弗学,学之弗能弗措也。有弗问,问之弗知弗措也。有弗思,思之弗得弗措也。有弗辨,辨之弗明弗措也。有弗行,行之弗笃弗措也。人一能之,己百之。人十能之,己千之。果能此道矣,虽愚必明,虽柔必强。"

做人的道理,虽根本在于诚实,但事情千头万绪,总非经过一番学问不可,这一节就说为学的方法。世上事物极多,故从各方面去研究做起。(博学之。)研究有不懂的地方,仔仔细细地去请教人家。(审问之。)审,就是仔细审察的意思。既经研究,问过人家,还须自己用一番思想。(慎思之。)慎,就是谨慎弗粗心的意思。既细心思想过,到底还应明明白白地,辨出是非得失。(明辨之。)经过了上面四层步骤,然后才可决定一种切切实实地去行。(笃行之。)因为知而不行,也是没用的呀。

措,丢在一边,就是作罢的意思。是说除非不去学,既去学了,不到学会,决不肯把它丢在一边作罢的。除非不去问人,既去问人,弗到完全明白,决不肯作罢的。除非弗想,既去想了,非到想出道来,决不作罢的。除非不去辨别,既去辨别,非到是非得失明白的时候,决不作罢的。除非不去做,既去做了,非到切切实实地做出成绩来,决不作罢的。譬如一种学问,人家学了一遍就会了,我就学它一百遍。人家学十遍就能了,我就学它一千遍。一个人如果能够用这个方法做去,即使是个呆笨的人,也聪明起来了,是个柔弱的人,也刚强起来了。

上面十四段,朱子以为是第二十章。

(问)何谓"虽愚必明"?何谓"虽柔必强"?

(解)此章论为政须学,而学的方法,只要能够人一己百,人十己千,人家聪明,我自呆做,人家取巧,我自守拙,就是今人所谓"实干""硬干",天下事没有不成功的。

第二十一章

自诚明,谓之性。自明诚,谓之教。诚则明矣,明则诚矣。

诚,是天之道,可以说是和大自然相和合了,由天道以明人事所当然,这全然是从天性而来的,所以说:"自诚明,谓之性。"从人事之当然,去说明天道诚实的缘故,这是从做事而至的,所以说:"自明诚,谓之教。"从本以沿流,一由流以渊源,二者方法不同,但到了成功以后,还是一样的,所以说:"诚则明矣,明则诚矣。"

上面一段,朱子以为是第二十一章。

(问)何谓"诚"?何谓"明"?

(解)王阳明的知行合一说,即从这一段发挥而来的。他以为诚就是行,明就是知。即知即行,就是明则诚;行而能知,就是诚则明。

第二十二章

唯天下至诚,为能尽其性。能尽其性,则能尽人之性。能尽人之性,则能尽物之性。能尽物之性,则可以赞天地之化育。可以赞天地之化育,则可以与天地参矣。

人生长于自然界,惟有如自然界之至诚不欺,才能尽自己的性。人和人所受于自然界的性,都是一样的。所以说:"能尽其性,则能尽人之性。"又人和物虽然智识形体不同,而生长于自然界,还是一样的,所以说:"能尽人之性,则能尽物之性。"天地间虽森罗万象,无非是各色各样的物类,既能尽物之性,则天地的四时运行,育成万物,种种条理,无不可由我的帮助,容我的参与了。所以这里说:"能尽物之性,则可以赞天地之化育。可以赞天地之化育,则可以与天地参矣。"参,就是参与其间,就是与天地并立的意思。

上面一段,朱子以为是第二十二章。

第二十三章

其次致曲,曲能有诚,诚则形,形则著,著则明,明则动,动则变,变则化,唯天下至诚为能化。

上面说的是圣人,圣人能与天地并立。这里说的是贤人,"其次",是次于圣人一等的意思。曲,指微细的事情。致,作做字解,"其次致曲",是说贤人对于微细的事情,都用心去做,一点不放松,就能做到诚的地步。所以说"曲能有诚""诚则形,形则著"的两句,是说贤人能以诚去做微细的事情,久而久之,自能见到功效,(形)功效既见,自然会显著起来的。"著则明,明则动"的两句,是说功效显著以后,自能使人家明白,人家明白,自能感动众人了。"动则变,变则化"两句,是说感动众人之后,全社会,全人类,自能改变恶习,化成善俗了。这些都是由至诚而来的,所以说:"唯天下至诚为能化。"

上面一段,朱子以为是第二十三章。

第二十四章

至诚之道，可以前知。国家将兴，必有祯祥；国家将亡，必有妖孽。见乎蓍龟，动乎四体。祸福将至，善，必先知之。不善，必先知之。故至诚如神。

真诚是万物的本体，就是自然界的本性，人能尽合于至诚的本性，不论什么事情，都可预知。（至诚之道，可以前知。）国家将兴盛的时候，自有种种吉祥事物的显现。因为吉祥事物，是诚所感召的。国家将灭亡的时候，自有种种妖孽出来，因为妖孽，是不诚所感召的。不诚有违于自然界的原则，人而不诚，就是恶了。蓍，是一种草，高二三尺。龟，就是乌龟。古时都用以卜筮吉凶的（其法今已失传）。"见乎蓍龟，动乎四体"，是说祯祥妖孽，在卜筮的时候，它的迹象，自然会在蓍草和乌龟的硬壳上面表现出来，或者在四肢的举动上看出来。有善的祯祥则为福，有不善的妖孽则为祸，这样一切都可前知了。这些都是从至诚而来的，人能至诚，就如神明一样，所以说："祸福将至，善，必先知之。不善，必先知之。故至诚如神。"

上面一段，朱子以为是第二十四章。

第二十五章

诚者,自成也。而道,自道也。诚者,物之终始,不诚无物,是故君子诚之为贵。诚者,非自成己而已也,所以成物也。成己仁也。成物知也。性之德也,合外内之道也,故时措之宜也。

诚是自己完成人格,道是自己表现德性,所以说:"诚者自成也,而道者自道也。"物,兼说事物,是说真诚的人,能明察事物的终始;如果不能真诚,则一遇事物,就将茫然不知所措了。所以君子以真诚为贵也,这是"诚者,物之终始,不诚无物,是故君子诚之为贵"一段的意思。"诚者,非自成己而已也,所以成物也"是说真诚的人,不但完成自己的人格,还要使一般人都完成人格,许多的物类都完成其所受于自然界的性格。物指一切人和物类。能完成自己的人格的人,就可称为仁人。使一切人和物都完成其受于自然之性,即是知者。所以说:"成己仁也。成物知也。"一个人能仁又能智,就完完全全表现出天生的德来了,也就合着外面和里面所做的功夫了,而且见诸施行,也无不相宜了。(性之德也,合外内之道也,故时措之宜也。)

上面一段,朱子以为是第二十五章。

(问)何谓"成己"？何谓"成物"？

(解)孔子曰："己欲立而立人,己欲达而达人,斯为仁。"就是这一章成己成物的意思。做人果然能够做到这样,则我以此施人,人必以此相报,大家各得其益,难道不是智者所做的事吗？

第二十六章

　　故至诚无息，不息则久，久则征，征则悠远，悠远则博厚，博厚则高明。博厚，所以载物也。高明，所以覆物也。悠久，所以成物也。博厚配地，高明配天，悠久无疆。如此者，不见而章，不动而变，无为而成。

　　这一段又申说至诚的效用。"故至诚无息，不息则久，久则征，征则悠远"是说至诚之德，永远没有止息的一天的，能和天地一样的长久。征，就是征验，不息地做去，自然会有征验。有征验，就能长久了。"悠远则博厚，博厚则高明"，是说长久则德无所不周，而能博厚以养物。博厚则功业显著，而能成其高明。博厚如大地的满载万物，高明如天体的覆盖万物，悠久，则如时间一样，古往今来，无有间断，成就万物而不毁。这是"博厚，所以载物也。高明，所以覆物也。悠久，所以成物也"一段的意思。又说："博厚配地，高明配天，悠久无疆。"是说与天地一样，便没有穷尽（无疆）的时候了。"如此者，不见而章，不动而变，无为而成。"这是一段总结的话，说圣人的道德,能够这样博厚、高明、悠久,不见作为的形迹而功业自然彰(章)明显著,不见行动的影像,而万物自然变化不已,无所施为,而道德自然成就远大了。

天地之道,可一言而尽也。其为物不贰,则其生物不测。天地之道,博也,厚也,高也,明也,悠也,久也。今夫天,斯昭昭之多,及其无穷也,日月星辰系焉,万物覆焉。今夫地,一撮土之多,及其广厚,载华岳而不重,振河海而不泄,万物载焉。今夫山,一卷石之多,及其广大,草木生之,禽兽居之,宝藏兴焉。今夫水,一勺之多,及其不测,鼋鼍蛟龙鱼鳖生焉,货财殖焉。

这一段又申明至诚之理,就是在说物之终始。(包括原因、结果及所以然之理。)"天地之道,可一言而尽也。其为物不贰,则其生物不测。"不贰,就是唯一,指至诚。他说天地的道理,可以用一句话来概括的。因为它只是一种事物,而其化生之功,却令人不可测度。什么叫"天地之道"呢?天地之道,就是"博呀,厚呀,高呀,明呀,悠呀,久呀"。怎么它的博厚、高明、悠久,吾人不可测度呢?今且说说天吧,天不过一点点的亮光,但这一点点的亮光,推广开去,可以说是无穷无极,即如日月星辰,也都悬挂(系)在它的底下,所有万物,无不被它所覆盖。所以说:"今夫天,斯昭昭之多,及其无穷也,日月星辰系焉,万物覆焉。"昭昭是小明的样子。再说地吧,不过一撮土罢了,推说开去,它载着华岳那样高大的山,也不觉其重。许多大河大海震撼着它,也不会被水泄去,所有的万物,只有地能载得住。所以说:"今夫地,一撮土之多,及其广厚,载华岳而不重,振河海而不泄,万物载焉。"又说山吧,不过是拳头般的石块罢了,但推说开去,草木也生在山上,禽兽也栖在山上,金银煤铁的宝货,也藏在它的里面。所以说:"今夫山,一卷石之多,及其广大,草木生之,禽兽居之,宝藏兴焉。"又说水吧,不过一羹匙罢了,如果说它的广大,鼋鼍蛟龙鱼鳖等类,都生在那里。货物财富都靠它而生产。所以说:"今夫水,一勺之多,及其不测,鼋鼍蛟龙鱼鳖生焉,货财殖焉。"

《诗》云:"维天之命,于穆不已。"盖曰,天之所以为天也。"于乎不显,文王之德之纯。"盖曰,文王之所以为文也,纯亦不已。

于,于乎,都是感叹的声音。穆,深远的意思。"维天之命,于穆不已",是说天道深远不可穷究。这就是说天之所以为天的道理啊!"于乎不显,文王之德之纯"是说文王受天命为天子,他道德的纯粹,是很显著的。这就是说文王之所以得号为文的缘故啊！他的纯正,也是没有停止的。

　　上面三段,朱子以为是第二十六章。

第二十七章

大哉圣人之道,洋洋乎发育万物,峻极于天。优优大哉!礼仪三百,威仪三千,待其人而后行。故曰:苟不至德,至道不凝焉。故君子尊德性而道问学,致广大而尽精微,极高明而道中庸,温故而知新,敦厚以崇礼。是故居上不骄,为下不倍。国有道,其言足以兴;国无道,其默足以容。《诗》曰:"既明且哲,以保其身。"其此之谓与!

洋洋,道德充满的样子。峻,作高字解。优优,宽裕的样子。礼仪,为周朝所定的大仪节。威仪,为周朝所定的小仪节。三百三千,极言其条数之多。这是说圣人之道真大呀!充满于宇宙之间,以发育万物,其高与天相等。宽容的样子,又和天一样的大。礼仪有三百条之多,威仪有三千条之多,都要等有圣贤的人出来而后可行。至德,指圣人最高的德性。凝,成功的意思。有了至德,然后方能成功至道。所以说:"苟不至德,至道不凝焉。"

"故君子尊德性而道问学",是说君子贤人,尊崇这个德性,固然是至诚,即由问学而进,也何尝不可至于至诚的地位呢?"致广大而尽精微",广大,指地。是说贤人由学问而进于广大,如地之生养万物,又能尽明其精微之理。"极高明而道中庸",高明,指天。是说贤人由学问而尽知高明之理,上通于天,而所行则为中庸之道。"温故而知新",是说贤人因温习旧事,以发明新理。"敦厚以崇礼",是说贤人尊重(敦)厚道,就无异于尊崇三百三千之礼仪威仪了。

以下是说君子立身的态度。倍,作悖逆解。君子居在上位,不骄傲;在下位为臣民,也不做逆乱之事。"国有道,其言足以兴",是说当国家有道、仁君在位的时候,他说的话足以振兴国家。"国无道,其默足以容",是说当国家无道、暴君在位的时候,君子就默而不言,亦足使自己免于祸害。"《诗》曰:'既明且哲,以保其身。'"就是引《诗经》以解释"默足以容"一句的意义的。《诗经》里说君子能明白时势而自己又极聪明,便足以保全自己的身子。这几句诗所说的话,就是这个意思吧!

上面一段,朱子以为是第二十七章。

第二十八章

子曰:"愚而好自用,贱而好自专,生乎今之世,反古之道,如此者,灾及其身者也。"

这段引孔子的话,以明中庸之道。说呆笨的人,每每自以为是。(愚而好自用。)卑贱的人,做事每每不肯听人指导,只凭自己做去。(贱而好自专。)生在现今的时代,违反古圣所定的原理。(生乎今之世,反古之道。)这样做去,这个人必定要受灾祸的。(如此者,灾及其身者也。)

"非天子,不议礼,不制度,不考文。今天下,车同轨,书同文,行同伦。虽有其位,苟无其德,不敢作礼乐焉。虽有其德,苟无其位,亦不敢作礼乐焉。"

这节,申明违反古道的祸害。礼乐,必得圣人在天子之位,到治定功成,万民欢乐,然后才可制礼作乐。议礼,是议论更改礼节。制度,是一切的典章法制。考文,是考定通行的文字。接着又说，现在天下，车子是同一的轨迹，书籍是同一的文字，行为是同一的伦理。不应乱改，已很明白。又重言以申明之道：不是圣德的人，虽在天子之位，不敢作礼乐。虽有圣德的人，不在天子之位，也不敢作礼乐。

子曰："吾说夏礼，杞不足征也。吾学殷礼，有宋存焉。吾学周礼，今用之，吾从周。"

这段又是引孔子的话，以明应从周礼之故。周定天下之后，封夏之后为杞国，封殷之后为宋国。征，就是证明的意思。孔子说："我喜欢夏代的礼，但杞国虽为夏的后代，杞国的礼，已不足证明了。我如学殷代的礼，但现在虽有宋国存在，宋国的礼，也不足证明了。只有周代的礼，与原定无异，若要学礼，我是从周礼的。"

上面三段，朱子以为是第二十八章。

第二十九章

　　王天下有三重焉，其寡过矣乎！上焉者，虽善无征，无征不信，不信民弗从。下焉者，虽善不尊，不尊不信，不信民弗从。故君子之道，本诸身，征诸庶民，考诸三王而不缪，建诸天地而不悖，质诸鬼神而无疑，百世以俟圣人而不惑。质诸鬼神而无疑，知天也。百世以俟圣人而不惑，知人也。

　　"三重"，《朱子章句》引吕氏的话："谓议礼、制度、考文，惟天子得以行之。则国不异政，家不殊俗，而人得寡过矣。"寡，作少字解，寡过，少有过失的意思。"上焉者，虽善无征，无征不信，不信民弗从"，是说上古的礼虽然很好，因年代湮远，无从证明，既已无从证明，便不能使人相信，不能使人相信，又怎能使百姓遵行呢？"下焉者，虽善不尊，不尊不信，不信民弗从"是说如孔子般在下位的人，虽善于礼，因不在尊位，人也不信；不信，则百姓又哪能遵行呢？所以君子之道，必定要从自身做起，然后证之百姓，又考之三代王者，没一些缪（同谬）戾，建立于天地之间,并不反悖,即使问之鬼神,亦无所疑虑,等到百世之后,圣人出来也不会有什么疑惑了。(故君子之道,本诸身,征诸庶民,考诸三王而不缪,建诸天地而不悖,质诸鬼神而无疑,百世以俟圣人而不惑。)"质诸鬼神而无疑,知天也。"质,作就正解,说自己的行为,就正于鬼神,而无所疑惑,已是知道天道了。"百世以俟圣人而不惑,知人也。"说中庸之道,虽不为当时所知,等待百世之后的圣人出来,无所疑惑,便是能知人了。

是故君子动而世为天下道,行而世为天下法,言而世为天下则,远之则有望,近之则不厌。

所以君子的举动,可为世世天下人所称道。君子的行为,可为世世天下人所效法。君子说的话,可为世世天下人做模范。这就是"是故君子动而世为天下道,行而世为天下法,言而世为天下则"一段的意思。"远之则有望,近之则不厌"是说圣人既为世世所效法,若离开他,人必有企慕之情;即近在身边,也不会生厌倦之心。

《诗》曰:"在彼无恶,在此无射。庶几夙夜,以永终誉。"君子未有不如此,而蚤有誉于天下者也。

这诗是说君子在别地方，无人厌恶他；在这地方，也无人妒忌他。所以能长久享有声誉啊。夙夜，就是早夜长久的意思，作《中庸》的人，引《诗》以后，又重言以申明之道："做君子的，没有一个不是这样，而能早（蚤、早同）有声誉于天下的。"（君子未有不如此，而蚤有誉于天下者也。）

上面三段，朱子以为是第二十九章。

第三十章

　　仲尼祖述尧舜,宪章文武,上律天时,下袭水土,辟如天地之无不持载,无不覆帱,辟如四时之错行,如日月之代明,万物并育而不相害,道并行而不相悖,小德川流,大德敦化,此天地之所以为大也。

　　这段说圣人之德,与天地相同。"仲尼祖述尧舜,宪章文武。"仲尼,孔子的字,是说孔子之于尧舜,犹如子孙之法祖宗,传述其道。又对于文王、武王,则奉以为宪典而表章之。"上律天时,下袭水土"说对上,则取法于天之运行,对下,则袭法于地之运行。水土,指地。"辟如天地之无不持载,无不覆帱"说孔子之德,如天之持覆于上,地之围载于下,与天地的德性相合。持,挂着的意思。帱,就是帐围,作动词用,围转的意思。"辟如四时之错行,如日月之代明"说又如春夏秋冬四时,忽冷忽暖地错行着,日出月没地彼此更代着。"万物并育而不相害,道并行而不相悖"说孔子之道,如天地之生养万物,性质虽各不同,而各得其所,并不相害。这个道理——仁义礼智——也如天地四时日月一般,并行而不相背。"小德川流,大德敦化"是说孔子所行,关于小事上的道德,如百川之流行。关于大事上的道德,能使天下之人,无不敦厚而同化。"此天地之所以为大也。"这就是天地之所以为大,也就是孔子之道之所以能像天地之大的道理。

上面一段,朱子以为是第三十章。

第三十一章

　　唯天下至圣,为能聪明睿知,足以有临也。宽裕温柔,足以有容也。发强刚毅,足以有执也。齐庄中正,足以有敬也。文理密察,足以有别也。

　　耳能听为听,目能看为明,思想灵敏为睿,富有知识为智。临,作到字解。足以临,就是无不可到的意思。说天下只有至圣之人,无不可以做得到。宽,就是宽大。裕,就是裕如。温,作和气解。柔,作顺应解。是说惟"宽裕温柔"的圣人,才能无所不包,容受万物。发,就是发作。强,就是强健。刚,就是刚正。毅,作持久解。执,能决断的意思。惟有"发强刚毅"的圣人,才能遇事决断,无所疑惑。齐,就是斋戒。庄,就是庄重。中,就是适中。正,就是正当。惟有"齐庄中正"的圣人,对人做事,才能敬重专一。外表叫文,既有外表,内必有理。惟圣人细细地观察人的外表内容,才能分别好坏,所以说:"文理密察,足以有别也。"

　　溥博渊泉,而时出之。溥博如天,渊泉如渊。

见而民莫不敬,言而民莫不信,行而民莫不说。

"溥博渊泉,而时出之。"溥,作大字解。博,作广字解。渊,作深字解。说圣人行事,如广大而渊深的泉水,时时流出而不致于干涸。"溥博如天,渊泉如渊。"又所以说广大,广大得如天一般深泉,深得如极深的泉水一般。百姓仰他的威仪,莫不尊敬。听他说的话,莫不信服。看他的行动,莫不欢喜。(见而民莫不敬,言而民莫不信,行而民莫不说。)

是以声名洋溢乎中国,施及蛮貊,舟车所至,人力所通,天之所覆,地之所载,日月所照,霜露所队,凡有血气者,莫不尊亲,故曰配天。

这是总结上两段的。洋,大的意思。溢,满出来的意思。说圣人的声名,如大水一般,满溢于中国,又可施行于未开化诸民族。凡是船只和车子所能到的,人的力量所能通达的,天所覆盖的,地所安载的,日月所照及的,霜露所落(队)着的,种种地方,凡有血气的人,无有不尊敬他、亲爱他的,所以说圣人之道之大,是可以和天相配的。

上面三段,朱子以为是第三十一章。

第三十二章

唯天下至诚，为能经纶天下之大经，立天下之大本，知天地之化育，夫焉有所倚？肫肫其仁，渊渊其渊，浩浩其天。苟不固聪明圣知达天德者，其孰能知之？

经纶，本为织丝的名词，引申作治理解。大经，指大政。本，就是一件事情的根本。根本立得好，则枝叶自然茂盛了。化育，变化生养的意思。焉，作何字解。说天下至诚的人，自己能治理天下的大政，立定天下的大本，知晓天地化养万物的道理，何尝倚靠别的呢？（唯天下至诚，为能经纶天下之大经，立天下之大本，知天地之化育，夫焉有所倚？）肫肫，恳至的样子。渊渊，静深的样子。浩浩，广大的样子。说至诚的圣人，他有恳至待人的仁德。他有静深如泉水的胸襟。他有广大含蕴和天一样的态度。（肫肫其仁，渊渊其渊，浩浩其天。）"苟不固聪明圣知达天德者，其孰能知之？"聪明圣知，就是聪明睿知，说如果不真是聪明圣知，通达天地德性的人，哪能晓得其中许多的道理呢？

上面一段，朱子以为是第三十二章。

第三十三章

《诗》曰："衣锦尚绒。"恶其文之著也。故君子之道，暗然而日章。小人之道，的然而日亡。君子之道，淡而不厌，简而文，温而理，知远之近，知风之自，知微之显，可与入德矣。

绒，禅衣，就是单层的单衫。锦，有彩色的绸衣。"衣锦尚绒"是说穿了有彩色的绸衣，外面一定还要加上(尚)一件单衫，因为嫌那锦衣的纹彩太显著，所以说："恶其文之著也。"郑玄说："言君子深达难知，小人浅近易知，人所以不知孔子，以其深远。禅为绒锦，衣之美。而君子以绒表之，为其文章露见似小人也。"他的意思，以为外面穿了单衫，人不知其为君子。穿了彩色衣，表露光彩，讨人家的好，实像小人的行为，所以有恨他的纹彩显著于外面的话。

"故君子之道，暗然而日章。小人之道，的然而日亡。"章，作明显解。暗然，看不见的样子。的然，确凿不移的样子。说君子的态度深远，人家不易一眼看清，但日久自然会渐渐明白起来。小人初见，很觉好看，但必然天天消亡下去。"淡而不厌"说君子之道，就待人一面说，虽淡淡不见亲密，然不会使人讨厌。"简而文"说君子之道，虽极简易，而文质彬彬，不见粗蛮的形迹。"温而理"说君子为人，性气和顺，温馨可亲，而又条理整然。

"知远之近，知风之自，知微之显。"俞樾《古书疑义举例》说："此三句，自来不得其解。若谓远由于近，微由于显，则当云'知远之由于近，知微之由于显'，文义方明。不得但云'远之近，微之显'也。且'风之自'句，义不一例。'微之显'句，亦与第一句不伦。既云'远之近'，则当云'显之微'矣。今按此三'之'字，皆连及之词。'知远之近'者，知远与近也。'知微之显'者，知微与显也。'知远之近，知风之自，知微之显，可与入德矣。'犹《易·系辞传》云：'君子知微知彰，知柔知刚，万夫之望也。'然则'知风之自'句，当作何解？风读为凡，风字本从凡声，故得通用。《庄子·天地》：'愿先生之言其风也。'风即凡字；犹云：'言其大凡也。''自'者，'目'字之误。《周官·宰夫职》：'二曰师，掌官成以治凡。三曰司，掌官法以治目。'郑注曰：'治凡，若月计也。治目，若今之日计也。'然则'凡之与目'，事有巨细，故以对言，正与远近微显一例。"俞氏此解，比前人所解好得多，这几句大意，不过说君子之道，能知远的与近的，能知微的与显的，能知大凡的与细目的，人能这样，才可以与之入道德之门了。

《诗》云:"潜虽伏矣,亦孔之昭。"故君子内省不疚,无恶于志。君子之所不可及者,其唯人之所不见乎!

"潜虽伏矣,亦孔之昭。"潜,作隐藏解。伏,不见的意思。孔,作甚字解。昭,作明字解。说圣人虽隐藏不见,而他的道德,却很光明。这是引《诗经》以释"暗然而日章"一句的。"故君子内省不疚,无恶于志。君子之所不可及者,其唯人之所不见乎!"疚,作病字解。内省,自己心里想着的意思。说君子只要自己心里想想没有什么过意不去的地方,又没损害自己本来的志向,那就行了。所以说君子之所以不可及者,全在于人所不见的地方哩!

《诗》云:"相在尔室,尚不愧于屋漏。"故君子不动而敬,不言而信。

相,作看字解,尔,就是你,指君子。屋漏,屋的西北隅。说君子道德高尚,就是在室之深密隐秘处,也能慎独,无愧于心。这是引《诗经》"相在尔室,尚不愧于屋漏"的诗句来说的。他又说,所以君子没有行动,人都敬重他。没有说话,人都相信他。(故君子不动而敬,不言而信。)

《诗》曰:"奏假无言,时靡有争。"是故君子不赏而民劝,不怒而民威于铁钺。

"奏假无言,时靡有争。"奏,作进字解。假,通格字。靡有,就是没有。说进大乐于宗庙之中,虽没说什么话,人也不会有争执的。因在宗庙中奏乐的时候,大家都很敬肃。这是引《诗经》以譬喻君子之治国,不必赏人,而百姓自然互相劝勉为善。铁,就是刀。钺,就是斧。说君子不必发怒,而百姓自然会害怕他的威严,如刀斧一般的。(是故君子不赏而民劝,不怒而民威于铁钺。)

《诗》曰:"不显惟德,百辟其刑之!"是故君子笃恭而天下平。

"不显惟德,百辟其刑之。"辟,就是君。刑,同型字,就是典型。不显,犹言大显。说君子所大大显出来的,只有德行。凡百人君,自能以他为典型的。照《诗经》这两句所说,可见君子只要沉潜修身,恭敬对人,而天下自然为平治的了。(是故君子笃恭而天下平。)

《诗》云:"予怀明德,不大声以色。"子曰:

"声色之于以化民，末也。"《诗》曰："德辅如毛，毛犹有伦，上天之载，无声无臭。"至矣！

"予怀明德，不大声以色"说我只要怀抱光明的道德，不必张大声音，装出严厉的神色，煞有介事地给人家看。孔子读这两句诗，加以说明道，用大声厉色去威吓百姓，终不是根本，而是标末的啊！（子曰："声色之于以化民，末也。"）《诗经》里又说："德辅如毛，毛犹有伦，上天之载，无声无臭。"辅，作轻字解。伦，比较的意思。说感化百姓，当以道德，道德之感化，犹如毛一般的轻。但毛还是比较的轻，至于上天之长养（载，作栽解）万物，既无声音，又无气息，比毛还要轻呢，所以道德之化人，要像天之无声无臭，以长养万物，那才到了极顶，不能再加了。（至矣！）

上面六段，朱子以为是第三十三章。

（问）何谓"无声无臭"？

（解）从"仲尼祖述尧舜"至末章止，都是说君子至诚修身以治天下的道理。无声无臭，犹如孔子所说"大哉尧之为君，唯天为大，唯尧则之""无为而治者，其舜也与""天何言哉！天何言哉"的意思一样。圣人以至诚治天下，天下人自能潜移默化，而成太平的景象。如必要张大声势，摆出严厉的神色来，而天下才能治，必是这人道德有所欠缺，须借权力声势以为压迫之用，这样天下未必能治，就是能治，也是暂时的，不是久长的。孟子所谓"以力服人者，非心服也"就是这个道理。